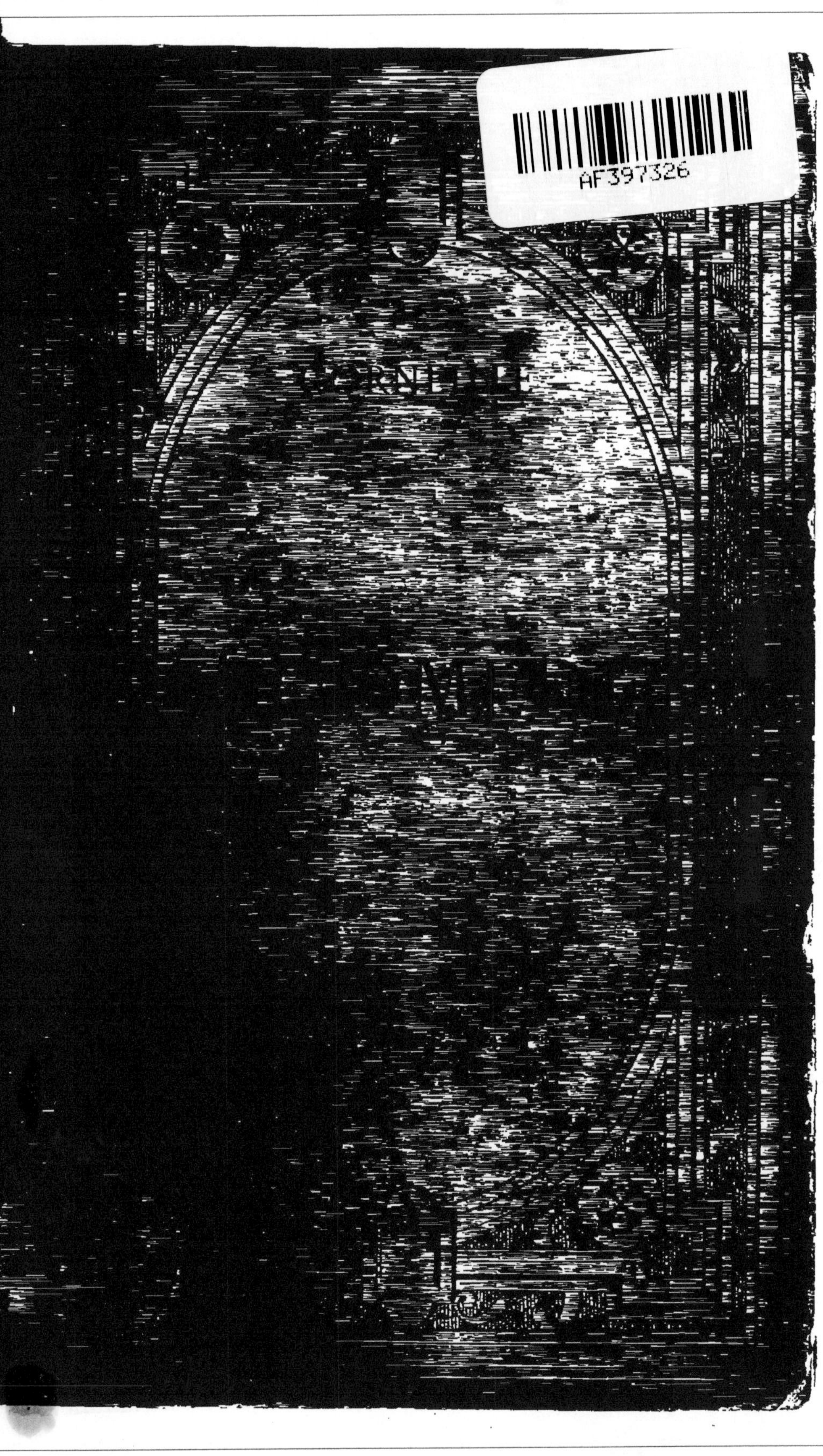

NICOMÈDE

TRAGÉDIE

A LA MÊME LIBRAIRIE

Corneille (P.) : *Œuvres,* nouvelle édition, publiée sous la direction de M. Ad. Regnier, membre de l'Institut, sur les manuscrits, les copies les plus authentiques et les plus anciennes impressions, avec variantes, notes, notices, lexique et album contenant des portraits, des fac-similés, etc., par M. Ch. Marty-Laveaux. 12 volumes et un album.   97 fr. 50

Tome I : Avertissement. — Notice biographique. — Avertissements placés par Corneille en tête des divers recueils de ses pièces. — Discours de l'utilité et des parties du poème dramatique. — Discours de la tragédie et des moyens de la traiter selon le vraisemblable ou le nécessaire. — Discours des trois unités, d'action, de jour et de lieu. — Mélite. — Clitandre. La Veuve.

Tome II : La Galerie du Palais. — La Suivante. — La Place Royale. — La Comédie des Tuileries. — Médée. — L'Illusion.

Tome III : Le Cid. — Horace. — Cinna. — Polyeucte.

Tome IV : Pompée. — Le Menteur. — La Suite du Menteur. — Rodogune.

Tome V : Théodore. — Héraclius. — Andromède. — Don Sanche d'Aragon. — Nicomède.

Tome VI : Pertharite. — Œdipe. — La Toison d'or. — Sertorius. — Sophonisbe. — Othon.

Tome VII : Agésilas. — Attila. — Tite et Bérénice. — Psyché. — Pulchérie. — Suréna.

Tome VIII : Imitation de Jésus-Christ.

Tome IX : Louanges de la sainte Vierge. — L'office de la sainte Vierge. — Les sept Psaumes pénitentiaux. — Vêpres des dimanches et complies. — Instructions et prières chrétiennes. — Les Hymnes du Bréviaire romain. — Version des hymnes de saint Victor. — Hymnes de sainte Geneviève.

Tome X : Poésies diverses. — Œuvres diverses en prose. — Lettres. — Tables.

Tomes XI et XII : Lexique.

Chaque volume se vend séparément 7 fr. 50.

Le prix de l'album est de 7 fr. 50 sur papier ordinaire.

Coulommiers. — Imp. P. Brodard et Gallois.

CORNEILLE

NICOMÈDE

TRAGÉDIE

PUBLIÉE CONFORMÉMENT AU TEXTE DE L'ÉDITION

DES

GRANDS ÉCRIVAINS DE LA FRANCE

AVEC NOTICES, ANALYSE ET NOTES GRAMMATICALES, HISTORIQUES
ET LITTÉRAIRES

PAR

L. PETIT DE JULLEVILLE

Professeur suppléant à la Faculté des lettres de Paris

PARIS

LIBRAIRIE HACHETTE ET Cie

79, BOULEVARD SAINT-GERMAIN, 79

1886

NOTICE SUR PIERRE CORNEILLE

(1606 – 1684)

La famille Corneille était anciennement établie à Rouen, dans des charges qui ressortissaient au Palais ou à l'administration provinciale. Le grand-père de Pierre Corneille [1] était commis au greffe du Parlement. Le père de notre poète était maître des eaux et forêts; il eut sept enfants, dont l'aîné, le futur auteur du *Cid*, naquit à Rouen le 6 juin 1606.

Pierre Corneille fit toutes ses études au collège des jésuites de Rouen, probablement avec succès; ses vers latins sont d'un très habile écolier; on sait qu'il remporta plusieurs prix, dont l'un, croit-on, de vers français. Ses études finies, il s'appliqua au droit; le 18 juin 1624, il prêta serment en qualité d'avocat [2], au Parlement de Rouen. Son neveu Fontenelle prétend qu'il ne plaida qu'une fois et n'eut aucune envie de recommencer. Quatre ans plus tard, il traita de l'achat de deux offices d'avocat du roi, l'un au siège des eaux et forêts, l'autre en l'amirauté de France, à

---

1. Nommé lui-même Pierre Corneille, comme tous les fils aînés de la famille.

2. A dix-huit ans; les études juridiques préalables n'étaient alors qu'une formalité.

la table de marbre du Palais. Le gage annuel des deux charges ne passait pas douze cents livres avec les épices [1]. Mais elles laissaient, paraît-il, un peu de loisir, car, la même année, on joua *Mélite* à Paris.

D'où était née la vocation de Corneille pour la poésie et le théâtre? Assurément de son génie d'abord; mais Rouen n'était pas, comme on pourrait croire, un milieu défavorable à l'éclosion d'un poète; Rouen était, après Paris, la ville de France où l'on goûtait le plus le théâtre, où la comédie était le plus florissante. Le *Puy des Palinods*, sorte d'Académie provinciale, y encourageait le goût des vers en récompensant les poètes. Au xvie siècle, les *Confrères de la Passion*, de Paris, étaient venus presque annuellement jouer leur répertoire à Rouen. Ces traditions s'étaient maintenues au siècle suivant, en se modifiant. Un excellent acteur, Mondory (qui joua plus tard *le Cid* d'original), se partageait entre Paris et Rouen. De 1566 à 1630, les libraires de Rouen n'avaient pas imprimé moins de soixante-six tragédies. Monchrestien [2], s'il fut joué quelque part, ce qu'on ignore, dut l'être à Rouen, où fut publié son théâtre.

En 1628, Mondory était à Rouen; Corneille le vit au théâtre et l'admira; c'est sans doute en l'écoutant qu'il se sentit poète dramatique et connut sa vocation. Il lui remit, un jour (peut-être en tremblant bien fort), une comédie intitulée *Mélite ou les Fausses Lettres*. Mondory lut la pièce; il en devina le mérite et la nouveauté. Au lieu de la jouer à Rouen, il l'emporta à Paris, où *Mélite* fut représentée sur le théâtre du Marais dans le courant de 1629. Le succès fut surprenant, quoique la pièce soit embrouillée, diffuse et peu intéressante. Mais elle captiva les spectateurs par l'agrément du style : Corneille, dans *Mélite*, a réussi, en plus d'un passage, à reproduire avec vérité la conversation des hon-

---

1. Il se démit de ces deux charges en 1630; elles furent vendues par lui six mille livres.

2. Poète tragique, né à Falaise en 1575, mort en 1621.

nêtes gens : ce mérite parut neuf et piquant, à une époque
où régnait encore le style amphigourique et guindé du vieux
Hardy [1].

Clitandre (joué en 1632) ne vaut pas *Mélite*, mais du moins
il en diffère. Après le succès de leur première pièce, tant
d'autres l'eussent recommencée, pour prolonger leur triomphe ! Corneille, dès ses premiers pas dans la carrière, nous fait
admirer sa fécondité d'invention. Au reste, *Clitandre* est une
très mauvaise pièce ; cette prétendue « tragédie » n'est qu'un
drame romanesque dans le goût de ceux de Hardy ; l'action,
chargée d'incidents, est confuse et sans intérêt. La pièce
échoua et Corneille revint à la comédie de mœurs. Il donna
successivement *la Veuve* (1633), qui eut un brillant succès,
la Galerie du Palais (1633), *la Suivante* (1634), *la Place
Royale* (1634). Ces quatre pièces, comme *Mélite* elle-même,
ne consistent guère qu'en conversations galantes d'amoureux
plus spirituels que vraiment épris, et le goût de notre
temps veut dans la comédie plus de force et de profondeur.
Elles plaisaient à une époque où l'on aimait les sentiments
subtils et les causeries raffinées. Dans *l'Astrée*, tant chérie
de trois générations successives, les héros ne parlaient pas
autrement. Ajoutons que déjà nul n'écrivait en vers aussi
bien que Corneille ; les couplets excellents abondent dans
la moindre de ses comédies de jeunesse.

En 1633, Corneille, déjà célèbre fut présenté à Richelieu.
Le grand cardinal se piquait, comme on sait, d'exceller au
théâtre autant que dans la politique. Il composa même, ou
fit composer, sous sa direction, plusieurs pièces, dont il
fournissait le plan ; ses poètes attitrés faisaient les vers.
Corneille fut attaché à ce singulier bureau poétique, où il

1. Corneille écrivait ces lignes en tête de *la Veuve* (1633) : « La comédie n'est qu'un portrait de nos actions et de nos discours, et la per-
fection des portraits consiste en la ressemblance. Sur cette maxime, j'ai
tâché de ne mettre en la bouche de mes acteurs que ce que diraient
vraisemblablement en leur place ceux qu'ils représentent, et de les faire
discourir en honnêtes gens et non pas en auteurs. »

rencontra Boisrobert, Colletet, l'Estoile et Rotrou. *La Comédie des Tuileries* fut ainsi fabriquée, en 1634, par les « cinq auteurs », comme ils se qualifiaient eux-mêmes au titre de l'ouvrage. Mais, selon Voltaire, Corneille, chargé du troisième acte, se permit de toucher au plan du cardinal, qui se fâcha et dit le fameux mot : « Il faut avoir de l'esprit de suite ». Corneille retourna donc à Rouen, où il écrivit *Médée,* tragédie, jouée en 1635.

Pour la première fois, il puisait aux sources antiques ; laissant de côté le grec, qu'il savait mal, et Euripide, il s'inspirait de Sénèque le Tragique, écrivain du second ordre, il est vrai, mais dont le style éclatant plaisait à son génie. Du premier coup il surpassait son modèle. On ne peut lire *Médée* sans être frappé d'étonnement, tant la pièce paraît écrite avec plus de vigueur et de pureté que toutes celles qui l'avaient précédée. Ce n'est certes pas un chef-d'œuvre, mais elle étincelle de beaux vers, de superbes pages. Corneille avait trouvé sa véritable voie ; car, bien qu'il ait donné *le Menteur,* son génie est avant tout un génie tragique.

Vers ce temps il avait commencé d'étudier le théâtre des Espagnols. Est-ce là, dans un original ignoré ou perdu, ou dans une imitation générale du goût castillan, qu'il puisa d'abord l'idée de *l'Illusion comique* (jouée en 1636), où le Matamore, personnage tout espagnol, débite en excellents vers des forfanteries si divertissantes, et quelquefois fait pressentir *le Cid* en parlant, quoique indigne, le langage de la vraie bravoure. L' « illusion » qui donne son nom à la pièce est l'erreur d'un père qui voit représenter sous ses yeux, par l'artifice d'un magicien, d'abord les aventures de son fils, puis un drame fictif dont l'acteur principal est ce même fils, devenu comédien à l'insu de sa famille. Cette pièce singulière se termine par un magnifique éloge du théâtre français, épuré par les travaux heureux des nouveaux poètes, honoré des faveurs du roi et de son ministre.

Le Cid, qui suivit de près, fut représenté sur le théâtre du Marais, vers la fin de 1636. Il y avait dix-huit ans qu'un poète espagnol, Guilhen de Castro, avait fait jouer sur la scène de Valence *la Jeunesse du Cid,* un ample drame, écrit dans le goût de son pays, tout chargé d'événements, qui, pour la plupart, s'exposaient aux yeux des spectateurs. Corneille emprunta beaucoup à Guilhen de Castro, tout en s'efforçant de faire rentrer l'action dans les limites que les règles prétendues d'Aristote, et surtout le goût nouveau, favorisé par Richelieu, commençaient à imposer à la tragédie en France. Dans cette pièce, pour la première fois, il étalait sur la scène la lutte émouvante qu'il devait, par la suite, y représenter tant de fois, la lutte du devoir ou de l'honneur contre la passion d'abord menaçante, enfin vaincue. Rodrigue est fiancé à Chimène, et Chimène aime Rodrigue; mais, pour venger son père outragé, Rodrigue tue le père de Chimène, et, pour venger son père immolé, Chimène demande au roi la tête de Rodrigue. A la fin, l'innocent meurtrier, en repoussant une invasion des Maures et en sauvant son pays, lave sa faute involontaire et obtient le pardon ou du moins l'espoir du pardon. Un style à la fois simple et vigoureux dans la partie héroïque du poème, et profondément touchant dans la partie pathétique, exprimait avec vivacité toutes les beautés de cette action attachante et toutes les péripéties de la lutte qui se livre entre les deux fiancés et dans le cœur de chacun d'eux.

Le public s'enthousiasma pour une poésie si neuve et si belle. Mais les rivaux de Corneille eurent la petitesse de se coaliser contre lui pour essayer de faire condamner son chef-d'œuvre par l'Académie naissante. Richelieu lui-même eut le tort de s'associer à ces manœuvres : plusieurs causes l'animaient contre *le Cid*; toute la pièce respirait une vive admiration pour la bravoure et la fierté castillanes, et la France faisait alors la guerre aux Espagnols, dont l'armée avait un moment franchi la frontière pendant l'été de 1636. Elle renfermait une apologie nullement déguisée du duel, et Richelieu s'efforçait, par des édits sanglants, de réprimer la fureur des duels. Enfin les pièces des « cinq auteurs » étaient plus ou moins tombées, et l'œuvre de Corneille, ce transfuge, était accueillie partout avec des transports d'enthousiasme. Voilà pourquoi Richelieu [1] encouragea Scudéry et Mairet, qui attaquaient passionnément cette tragédie trop heureuse, et força Chapelain d'écrire *les Sentiments de l'Académie sur le Cid,* critique assez modérée dans la forme, mais très injuste, au fond, de l'œuvre de Corneille.

Cette fameuse « querelle du *Cid* » occupa six mois, puis s'éteignit, laissant *le Cid* aussi glorieux, mais Corneille profondément découragé. Sa pièce avait été déclarée « contre les règles » par l'Académie et censurée par des hommes qui se disaient et qu'on croyait les oracles du goût en France. Il demeura plus de trois années sans vouloir rien donner au théâtre, et ses ennemis crurent qu'il resterait muet à jamais. Le 15 janvier 1639, Chapelain écrivait : « Corneille ne fait plus rien ; et Scudéry a du moins gagné cela en le querellant, qu'il l'a rebuté du métier et lui a tari sa veine ».

Heureusement Chapelain se trompait : Corneille travaillait. L'année 1640 vit paraître et triompher *Horace* et *Cinna.*

Dans *Horace,* tiré d'un chapitre de Tite-Live, Corneille a voulu surtout peindre l'énergie du patriotisme romain aux beaux temps de la république, et la lutte de cette passion sublime contre l'amour, que le poète désormais sacrifiera toujours à l'honneur et au devoir. Dans *le Cid,* l'amour avait vaincu après de dures épreuves ; mais enfin Chimène avait pardonné. Dans *Horace,* Camille, éprise de Curiace, maudit son frère, vainqueur de son fiancé ; elle est poignardée par Horace, et Horace est absous. L'amour est immolé avec Camille, immolé au patriotisme.

Cinna, composé, représenté presque en même temps qu'*Ho-*

---

1. Toutefois il est juste de louer Richelieu de n'avoir pas abusé de sa toute-puissance pour interdire la pièce, et de ne pas s'être opposé aux lettres de noblesse qui furent accordées au père de Corneille, en janvier 1637, à l'occasion du succès du *Cid.*.

race, quoique profondément différent, semble né de la même conception dramatique. Cinna, Émilie, héritiers du parti pompéien et des haines républicaines, conspirent contre l'empereur Auguste qui, après avoir persécuté leurs parents, les a comblés eux-mêmes de bienfaits. Auguste apprend leur trahison, hésite avec angoisse s'il doit punir ou absoudre; puis, sa grande âme s'ouvrant au pardon, il fait grâce à Cinna, l'unit à Émilie et consolide ainsi par la clémence un pouvoir acquis par la terreur. Dans *Horace*, l'amour était immolé au patriotisme. Dans *Cinna* il est humilié devant la clémence royale. Dans *Polyeucte* [1] il devait se sacrifier lui-même à la sainteté; l'amour humain, dans cette œuvre sacrée, est immolé à l'amour divin [2].

Polyeucte, au moyen âge, se fût appelé un *mystère*, car c'est en peignant l'âme d'un saint que Corneille a voulu compléter cette galerie d'héroïques figures. Après la grandeur chevaleresque figurée dans le *Cid*, celle du citoyen retracée dans *Horace*, et la grandeur royale représentée dans *Cinna*, il a exprimé dans *Polyeucte* la grandeur d'une âme chrétienne qui dédaigne la terre et les joies terrestres pour n'aspirer qu'au ciel; car le vrai héros de *Polyeucte*, quoi qu'en ait cru le xviiie siècle, ce n'est pas Sévère, c'est Polyeucte. Mais la figure de Pauline, l'admirable épouse de Polyeucte, redouble l'intérêt de cette pièce extraordinaire : l'héroïsme de son époux martyr élève jusqu'à la passion son âme, d'abord indifférente et troublée un moment du souvenir de Sévère autrefois aimé. Elle-même se convertit en voyant couler le sang de Polyeucte; elle veut mourir pour le suivre au ciel.

Cette illustre tragédie n'a pas toujours été comprise ainsi, même au temps de Corneille; et c'est d'ailleurs un

---

1. Joué probablement en 1643, au plus tôt en 1641; mais la date la plus vraisemblable est 1643.

2. Voy. nos *Leçons de littérature française*, t. II, p. 10 (chez G. Masson, 1885).

privilège dangereux des grands écrivains que chaque siècle tour à tour interprète, selon ses tendances, l'esprit de leurs œuvres et s'efforce de les attirer, pour ainsi dire, aux opinions qui lui plaisent davantage et de leur imposer, très sincèrement d'ailleurs, ses jugements et ses préférences. Corneille nous peut offrir de nombreux exemples de cette instabilité du goût public. Toutes les générations successives l'admirent, mais non pas de la même façon et pour les mêmes qualités. Dans *Cinna*, nous sommes aujourd'hui séduits surtout par la majesté du pardon que l'empereur accorde aux conjurés; et les spectateurs du temps de Richelieu, moins disposés à l'admiration envers le pouvoir absolu dont ils sentaient le poids, et plus épris (par l'imagination du moins) des vertus républicaines dont ils avaient si peu l'usage hors du théâtre, semblent avoir eu surtout des yeux complaisants pour le couple révolté d'Émilie et de Cinna : Cinna, en qui Balzac a cru voir le type de l'*honnête homme*, Émilie, qu'il a nommée « la belle, la raisonnable, la sainte et l'adorable furie ».

Dans *Polyeucte*, nous avons peut-être pénétré mieux que les contemporains la vraie pensée du poète en remettant le héros de la foi chrétienne à la place qui lui appartient, c'est-à-dire à la première, et en concentrant sur cette figure sainte le principal intérêt du drame. Mais les premiers spectateurs avaient senti autrement; l'amour combattu de Pauline pour Sévère les passionnait aux dépens de l'intérêt dû au sacrifice austère d'un martyr; et l'idée ne semble pas leur être jamais venue, qu'à la fin de la pièce, Pauline, transfigurée par l'admiration qu'inspire à sa grande âme l'héroïsme chrétien, supérieur à tout autre héroïsme, aime, adore Polyeucte, et veut mourir pour le suivre, oubliant désormais Sévère, sans effort et sans lutte.

Corneille ne s'éleva jamais plus haut que dans ces quatre admirables pièces : *le Cid, Horace, Cinna, Polyeucte*. Mais gardons-nous de limiter à ces quatre tragédies la part durable de son œuvre. Après *Polyeucte,* il écrivit dix pièces de théâtre, conçues, exécutées dans la pleine maturité du génie, et qui renferment des parties au moins qui sont du premier ordre.

Pompée, tiré de la *Pharsale* du poète Lucain, que Corneille goûtait particulièrement, semble un beau fragment de poème historique plutôt qu'un véritable drame. Pompée ne paraît pas dans cette pièce qui porte son nom, mais il en est bien l'âme et le héros; elle s'ouvre par la délibération où sa mort est résolue; elle s'achève par la punition de ses assassins. L'héroïque fermeté de Cornélie, sa veuve, en face de César vainqueur, éclate en d'admirables scènes où la sublimité du style recouvre et cache une certaine emphase des sentiments. Malheureusement l'amour épisodique de César pour Cléopâtre refroidit un peu l'action. Corneille tombera souvent dans cette faute, de donner, à toute force, un rôle à l'amour, dans des pièces où il n'a que faire; une galanterie un peu fade a gâté ainsi beaucoup de ses dernières pièces. Ses contemporains furent très éloignés de lui en savoir mauvais gré. Si Corneille aujourd'hui nous apparaît surtout comme le poète de l'héroïsme, il fut aussi, ne l'oublions pas, pour la génération qui vécut de sa vie, et ressentit la fraîche impression de ses œuvres naissantes, le poète de l'amour, avant Racine, qui, par une manière toute neuve et plus vraie de peindre cette passion, devait faire oublier les tableaux très différents que d'autres en avaient tracés avant lui. Car l'amour, chez Corneille, n'est pas la passion toute pure, cherchant, pour se satisfaire, à briser l'obstacle qui l'arrête. C'est la passion héroïque, luttant contre elle-même, et contre son honneur, qu'elle nomme « sa gloire », et sacrifiant toujours, non sans effort, non sans déchirements, mais avec une joie austère, le sentiment au devoir. Cette peinture de l'amour idéal et chaste, enveloppé fièrement dans une draperie d'héroïsme, séduisit et charma les contemporains du poète : génération ardente et fougueuse qui joignait à des mœurs souvent grossières, presque brutales, une imagination hautaine;

éprise des glorieuses chimères, et dédaigneuse des vulgaires obstacles, ils se reconnurent dans les personnages de Corneille, et accueillirent avec transport ces beaux vers qui prêtaient une voix plus distincte et merveilleusement éloquente aux grands sentiments que chacun balbutiait confusément dans son âme. De l'admiration pour l'œuvre naquit une sorte de tendresse confiante pour le poète, sentiment qui nous étonne aujourd'hui, nous, habitués par une longue tradition à chercher surtout dans notre vieux Corneille les mâles beautés de la muse tragique. Mais il est pourtant bien vrai qu'il fut aussi, dans son temps, dans la jeunesse de sa gloire, le confident écouté, le conseiller discret de beaucoup d'âmes, à la fois glorieuses et tourmentées, que la passion entraînait, mais que préoccupait leur honneur [1].

Deux comédies succèdent à *Pompée* (1644). En donnant *le Menteur* (1644), Corneille louait ainsi la pièce espagnole d'où il l'avait tiré (*la Vérité suspecte*, d'Alarcon) : « Elle est toute spirituelle depuis le commencement jusqu'à la fin, et les incidents si justes et si gracieux, qu'il faut être de bien mauvaise humeur pour n'en aimer pas la représentation. » L'éloge convient à l'imitation aussi bien qu'à l'original. Est-il une plus charmante comédie que *le Menteur*? Elle n'est pas sans défauts, sans doute : l'intrigue est embrouillée; la moralité, incertaine et faible, ou plutôt nulle. Mais quelle verve éblouissante, quel esprit, quel style! Comment Corneille a-t-il réussi à faire que le héros paraisse aimable encore qu'il soit atteint d'un défaut que tout le monde abhorre? que son père Géronte, bien que trompé indignement par un fils sans respect, demeure, à force de bonté, respectable à nos yeux, presque majestueux dans les reproches qu'il fait à ce fils? *La Suite du Menteur* (1645), imitée

---

1. En 1670, la grande Mademoiselle, éprise de Lauzun, qu'elle voulait épouser, n'osa se déclarer à lui qu'après avoir trouvé dans Corneille des vers qui justifiaient sa passion.

de Lope de Vega [1], fut moins heureuse, comme il arrive
d'ordinaire aux *suites*; toutefois, s'il est juste d'avouer que
le lien qui rattache ensemble les deux pièces est tout artificiel et assez péniblement noué, que l'invention dans *la
Suite* est à la fois plus romanesque et moins amusante que
dans *le Menteur* : le style, dans la moins bonne des deux
pièces, est aussi bon que dans la meilleure ; il étincelle de
grâce et de vivacité ; ces deux comédies suffisent à confondre ceux qui se sont imaginé que Corneille n'avait point
d'esprit.

Rodogune, tragédie, fut jouée l'année suivante (1646) : la
reine Cléopâtre y personnifie la passion du pouvoir, poussée jusqu'à la rage, et jusqu'au crime. Cette avidité du
sceptre, que Shakespeare a pour ainsi dire partagée entre
Macbeth et lady Macbeth, prêtant à celle-ci la pensée du
crime, à celui-là le bras qui l'exécute, Corneille l'a concen-
trée dans une seule tête et dans un seul bras. Cléopâtre a
des instruments, mais elle n'a pas de complices. Pour conserver un trône, elle fait poignarder un fils, et veut empoi-
sonner l'autre : elle est prise elle-même dans ses propres
trames et réduite à boire le poison qu'elle destinait à
Antiochus et à Rodogune. Ce coup de théâtre fait l'intérêt
poignant du cinquième acte de cette tragédie ; l'effet en
est prodigieux. Toutefois l'œuvre laisse le spectateur plutôt
vivement remué qu'intéressé : aucun des personnages n'obtient sa sympathie. Cléopâtre est un monstre, et Rodogune
à peine moins barbare. Les deux princes, jouets de ces
furies, sont trop doux et trop faibles ; leur rôle est tout
passif, leur physionomie indécise. Telle est cependant la
pièce que Corneille préférait hautement dans tout son
théâtre ; non pas, comme on l'a dit, à la façon des parents
qui aiment de préférence, entre leurs enfants, les moins bien
doués, les plus mal venus ; mais simplement parce que
Rodogune lui semblait « un peu plus à lui que les tragédies

1. D'une comédie intitulée *Aimer sans savoir qui*.

qui l'ont précédée, à cause des incidents surprenants »
qu'elle renferme et qui étaient « purement de son invention ». Or, entre toutes les qualités de son génie, celle que
préférait Corneille était la fécondité de son imagination.
De là son goût pour les pièces qu'il nomme *implexes,* c'est-
à-dire compliquées, et pour les situations tendues, vio-
lentes et fortement embrouillées. Le goût de Racine était
tout différent : il voulait « une action simple, chargée de
peu de matière, soutenue par les intérêts, les sentiments
et les passions des personnages [1] ».

Nommons seulement *Théodore,* tragédie chrétienne, jouée
en 1646; cette pièce est une erreur, et on s'étonne que Corneille l'ait commise en pleine possession de son génie, âgé
de moins de quarante ans, entre *Rodogune* et *Héraclius,* dont
la conception est si forte et l'exécution si habile.

Héraclius (1647), que l'illustre dramaturge espagnol Calderon imita plus tard de Corneille [2], est une des pièces
les plus intéressantes de notre théâtre classique, un peu
gâtée malheureusement par une excessive complication.
L'usurpateur Phocas a fait périr Maurice, empereur d'Orient,
et croit avoir tué de même Héraclius, l'enfant de Maurice :
mais Héraclius a été sauvé par sa gouvernante Léontine. Le
tyran, qui croit cette femme dévouée à ses projets, lui confie
son propre fils, Martian, qui n'est âgé que de quelques
mois, comme Héraclius. Léontine, pour rétablir sur le
trône la postérité de Maurice, substitue un enfant à l'autre.
Vingt ans s'écoulent; certains indices font soupçonner à
Phocas la substitution qui s'est faite; mais les deux jeunes
gens, trompés par d'autres apparences, croient l'un et l'autre être le véritable Héraclius. Phocas veut arracher son

---

1. Préface de *Britannicus.*
2. Voltaire s'est acharné à essayer de prouver que c'est au contraire
Corneille qui a imité Calderon; il semble aujourd'hui bien prouvé, ou
du moins infiniment probable, qu'*Héraclius* a précédé le drame de Calderon (dont la date est inconnue).

secret à Léontine; elle reste impénétrable et défie l'usurpateur de pouvoir distinguer son fils de son ennemi.

La beauté particulière de cette pièce méconnue, c'est que tous les rôles sont attachants, même celui du tyran Phocas, dont le cœur se déchire, si dur qu'il soit, quand il voit ces deux jeunes gens, dont l'un est son fils, sans qu'il sache lequel, désavouer tous deux ce titre infâme à leurs yeux, se parer à l'envi du nom condamné d'Héraclius, et vouloir mourir fils de Maurice plutôt que vivre fils de Phocas. *Héraclius* est obscur sans doute, mais il mérite bien qu'on se fatigue à le comprendre.

Fort peu avant ou après la première représentation d'*Héraclius*, le 22 janvier 1647, Corneille fut reçu à l'Académie française, en remplacement du poète Maynard. Il avait échoué deux fois : on lui avait préféré d'abord un M. de Salomon, puis le poète tragique du Ryer; la troisième fois même, on lui eût préféré peut-être un nommé Ballesdens; mais, ce Ballesdens s'étant retiré, Corneille fut reçu; Ballesdens perdit peu pour attendre; l'année suivante, il remplaça Malleville, ayant échappé au ridicule d'entrer à l'Académie avant l'auteur du *Cid*, d'*Horace*, de *Cinna*, de *Polyeucte*, de *Pompée*, du *Menteur*, de *Rodogune*.

Les troubles de la Fronde interrompirent quelque temps les spectacles. En 1650, Corneille reparut à la scène avec *Andromède*, tragédie lyrique, ou opéra, dont d'Assoucy avait fait la musique, et Torelli les *machines*, qui furent fort admirées. Le livret seul est de Corneille, et, comme beaucoup de livrets, ce n'est pas un chef-d'œuvre : l'auteur luimême disait dans l'*Argument* : « Cette pièce n'est que pour les yeux ».

Don Sanche d'Aragon [1], joué (1650) presque en même temps qu'*Andromède,* est, dit Corneille, « un poème d'une espèce nouvelle ». Les personnages sont d'un rang illustre; mais leurs aventures, sans être ridicules, n'offrent rien de

---

1. Imité de loin du *Palais magique* de Lope de Vega.

vraiment tragique. Il appelait ce genre nouveau la « comédie héroïque ». En réalité, elle existait depuis soixante-dix ans, sous le nom de *tragi-comédie*, genre agréable et varié, plus proche de nous, plus humain, plus vivant que la tragédie; il aurait pu donner des chefs-d'œuvre; le bonheur lui a manqué. Il expire après la *Pulchérie* de Corneille en 1672.

Don Sanche est tout près d'être ce chef-d'œuvre; il y manque je ne sais quoi, une action plus nourrie, une conduite plus vive; non les bons vers, qui abondent, vivement frappés, sonores et fiers.

Nicomède (1651), dont Corneille a dit : « Ce ne sont pas les moindres vers qui soient partis de ma main », *Nicomède* est, comme *Don Sanche*, une tentative toute nouvelle : ce fécond génie refusait de se répéter; toujours en quête de voies nouvelles, il aimait « à s'écarter un peu du grand chemin », dût-il « se mettre au hasard de s'égarer ». Cette fois, que nous montre-t-il? Un jeune prince, très brave, très bon capitaine, mûri par l'expérience du malheur plus vite que par celle des années, au milieu d'une cour orientale où tout lui est hostile : sa marâtre Arsinoé parce qu'elle veut déposséder le fils du premier lit au profit de son fils à elle; son frère Attale, fils d'Arsinoé, parce qu'il est jaloux de Nicomède et de sa gloire; l'ambassadeur romain Flaminius, parce que la politique romaine veut que ses agents dans toutes les cours cherchent à perdre tout ce qui est généreux et fier, comme à flatter et caresser tout ce qui est lâche et bas; enfin son père même, le roi Prusias, type achevé de ces rois de la décadence orientale, dégradés par le despotisme et la terreur des armes romaines, tremblant devant Flaminius, devant sa femme, devant ses fils; prêt à toute lâcheté, même au crime, pour conserver une ombre de sceptre : un vrai personnage de comédie, hardiment jeté par Corneille eu milieu du cadre tragique : Voltaire s'en montre fort choqué dans son *Commentaire* sur Corneille; Victor Hugo s'en autorise en fondant le drame romantique dans la

Préface de *Cromwell*. Toutes ces inimitiés liguées contre Nicomède sont devinées, désunies et déjouées, non par la force, mais « par une prudence généreuse qui marche à visage découvert, qui prévoit le péril, sans s'émouvoir, et qui ne veut point d'autre appui que celui de sa vertu et de l'amour qu'elle imprime dans le cœur de tous les peuples ». Joignez à cet appui la pointe acérée d'une ironie constante, qui ne laisse jamais s'éloigner l'ennemi vaincu sans qu'il soit un peu piqué et raillé, mais avec grâce et bonne humeur.

Un événement fâcheux éloigna peu après Corneille du théâtre pendant sept années. En 1652, il avait donné *Pertharite*; la pièce tomba sans remède à la première représentation : *Pertharite* se passait chez les Lombards, au VIIe siècle; les noms gothiques des personnages, le décousu de la conduite et la singularité de l'action rebutèrent les spectateurs. Il y a pourtant de beaux vers dans *Pertharite* (où Corneille n'a-t-il pas semé les beaux vers?), et Racine a certainement emprunté de cette pièce malheureuse l'idée de la situation qui fait le fond de sa tragédie d'*Andromaque*.

L'année précédente, Corneille avait publié la traduction en vers des vingt premiers chapitres de l'*Imitation de Jésus-Christ*; cet essai avait obtenu un succès inespéré. Dégoûté du théâtre, le poète entreprit d'achever cette œuvre pieuse et consolante; la traduction complète parut en 1656; elle se vendit beaucoup, et, chose singulière, rapporta plus d'argent à l'auteur qu'aucune de ses tragédies. Toutefois l'œuvre est assez faible, mais pouvait-elle être meilleure? Tout le charme littéraire de l'original est dans l'admirable simplicité du style et dans la profondeur de l'analyse morale. Or la forme poétique convient peu à cette délicate psychologie chrétienne, et le style de Corneille, ordinairement hautain, héroïque, un peu tendu, n'excellait pas à exprimer les touchantes effusions du pieux auteur.

Les sollicitations flatteuses du surintendant Fouquet, qui

protégeait les gens de lettres par goût, par politique et par ostentation, peut-être aussi l'ennui du repos et l'ambition de nouveaux triomphes déterminèrent Corneille à reparaître au théâtre en 1659. Il donna *Œdipe* et obtint un succès qui nous étonne aujourd'hui; car cette tragédie est l'une des plus faibles de son théâtre : mais le public avait regret de *Pertharite* si mal accueilli, et du long silence de l'auteur; il voulait réparer ses torts envers son poète favori. Peut-être eût-il mieux valu pour la gloire de Corneille qu'il cessât de produire avant l'épuisement de sa veine. Il y a encore de beaux vers et de belles pages même jusqu'en ses derniers ouvrages; mais ce génie créateur, qui sait construire une œuvre dramatique, assembler et subordonner les parties de l'action, ménager l'intérêt, l'accroître de scène en scène, enfin faire vivre et agir des hommes sur le théâtre, ce don souverain fit défaut à sa verve fatiguée.

Sertorius (1662) est toutefois très supérieur à *Œdipe.* « La politique, dit l'auteur lui-même, fait l'âme de toute cette tragédie », il n'y faut rien chercher qui émeuve ou touche le cœur. Ce n'est pas que l'amour en soit banni; mais il n'y paraît qu'au second rang et se subordonne lui-même aux calculs de la politique. Une théorie chère à Corneille et qu'il appliqua volontiers dans tout son théâtre, mais surtout dans les œuvres de sa vieillesse, c'est que l'amour doit toujours avoir place dans une tragédie, mais au second rang. « L'amour, dit-il (dans une léttre à Saint-Évremond), est une passion trop chargée de faiblesse pour être la dominante dans une pièce héroïque; j'aime qu'elle y serve d'ornement, mais non pas de corps. » Or il serait plus vrai de dire que l'amour dans une tragédie doit tenir la première place, ou ne paraître pas du tout. S'il est épisodique, il est froid et presque toujours ennuyeux. *Sertorius* se soutient encore à demi par une belle scène entre le général rebelle et Pompée, par beaucoup de beaux vers dont la pièce est remplie. Toutefois l'immense succès qu'elle obtint à son apparition nous étonne un peu aujourd'hui. Mais les modernes, en acquérant le droit de traiter de la politique ailleurs qu'au théâtre, ont un peu perdu le goût de la tragédie politique, si chère à la génération qui avait vu ou fait la Fronde.

En 1663, Corneille donna au théâtre une *Sophonisbe*, qui ne réussit pas à faire oublier celle que Mairet avait fait jouer en 1629, et qui est notre plus ancienne tragédie régulière. L'année suivante (1664), *Othon*, tiré des *Histoires* de Tacite : pièce obscure et embrouillée, dénuée de l'intérêt poignant qui, dans *Héraclius*, rachetait les mêmes défauts. *Agésilas*, joué en 1666, est une pièce en vers libres de différentes mesures à rimes croisées; cette innovation aurait pu être heureuse, mais elle fut compromise par l'insuccès d'une œuvre ennuyeuse qui est tout entière en entretiens de froide galanterie; et quels noms que ceux de Lysandre et d'Agésilas, d'un « roi de Paphlagonie » et de « princesses persanes » pour les mêler à cette métaphysique amoureuse! C'était un roman de Mlle de Scudéry, mis en vers et dialogué. Mais cette monotonie languissante a pu parfois plaire dans le livre, qu'on prend et qu'on quitte; en aucun temps elle n'est supportable au théâtre.

Attila (1667) est bien supérieur, quoique Boileau ait enveloppé les deux pièces dans une commune épigramme. On y trouve au moins quelques pages fortement écrites dans un style coloré, pittoresque, et dans un sentiment juste, assez conforme à ce que nous savons aujourd'hui, ou croyons savoir, de l'histoire des Huns.

En 1670, Madame, duchesse d'Orléans, voulut se ménager l'amusement de voir aux prises, sur le même sujet, le vieux Corneille et le jeune Racine, de qui la réputation croissante portait ombrage à celle de son rival. Chacun des deux poètes fut invité, à l'insu de l'autre, à composer une *Bérénice*, et à mettre au théâtre la séparation touchante de l'empereur Titus et de cette reine de Judée. La princesse mourut sans avoir vu les fruits de ce singulier concours; mais la victoire de Racine était certaine, et dans la tragédie de

Corneille, *Tite et Bérénice,* on ne trouve à louer que quelques vers heureux, et une conception assez fière du personnage principal.

Pulchérie, comédie héroïque, jouée en 1672, *Suréna,* tragédie, jouée en 1674, passèrent presque inaperçus. Ce n'est pas que ces pièces soient, comme l'a prétendu Voltaire, « ridiculement écrites ». Corneille jusqu'au bout reste un grand écrivain en vers. Cette année même (1672), il adressait au roi une *Épitre* sur la campagne de Flandre, infiniment supérieure au fameux *Passage du Rhin* de Boileau. Mais il est trop vrai que ces derniers enfants de sa veine tragique sont profondément ennuyeux. Ce sont pures tragédies d'amour, où il n'est question que de savoir si le héros épousera ou non l'héroïne; et toutefois ni l'un ni l'autre ne réussissent à nous intéresser à leur passion verbeuse et froide. Corneille sortait de sa voie pour s'acharner à lutter contre Racine dans ce domaine de la tendresse où Racine devait rester sans rival.

Est-ce à dire que Corneille fût incapable d'exprimer l'amour ? L'invention du rôle de Chimène suffirait à protester contre une telle assertion. Trente-cinq ans après *le Cid,* Corneille vieilli et fatigué, dans le livret de l'opéra de *Psyché* (1671), composé en collaboration avec Molière et Quinault, écrivait encore, pour sa part, entre autres vers excellents, la déclaration si naïve et si passionnée que Psyché adresse à l'Amour, et cette page où l'Amour jaloux reproche à la jeune Psyché le tendre souvenir qu'elle a conservé de la maison paternelle. Ce sont là des morceaux exquis; et tout l'œuvre de Corneille vieilli abonde ainsi en charmantes surprises.

Mais entre ces rares éclairs l'obscurité semblait plus profonde, et le génie du grand poète allait s'affaiblissant, quoiqu'il se refusât lui-même à l'avouer, et quoique des admirateurs aveugles ne voulussent pas le reconnaître. Ses qualités pâlissent et ses défauts s'accusent à mesure qu'il s'approche du terme de sa longue carrière. L'héroïque fierté de ses personnages tourne à la raideur : ses héroïnes étaient fermes, elles deviennent dures; ses héros raisonnaient trop, ils deviennent subtils. Le langage de la passion pouvait sembler chez lui un peu romanesque; il devient fade et alambiqué. A mesure que les idées et les sentiments perdent quelque chose de leur vérité, de leur naturel, le style même s'affaiblit. Mais jusque dans les plus médiocres pièces de ce grand poète on rencontre des beautés qui ne sont qu'à lui, que lui seul pouvait trouver. C'est ce qui faisait dire à Mme de Sévigné, après la représentation de *Pulchérie* : « Vive notre vieil ami Corneille! Pardonnons-lui de méchants vers en faveur des divines et sublimes beautés qui nous transportent! » C'est encore là le meilleur jugement que la postérité puisse rendre sur l'œuvre de Corneille vieilli.

On a souvent représenté Corneille comme un génie tout instinctif, faisant, sans s'en douter, ses chefs-d'œuvre; écrivant d'admirables vers, d'admirables pièces, quand l'inspiration le soutenait, quand « un bon lutin », comme disait Molière, lui dictait ce qu'il fallait écrire; et tombant ensuite au-dessous de lui-même, et quelquefois au-dessous du médiocre, quand cette inspiration lui faisait défaut, quand le lutin cessait de dicter. Cette façon de présenter l'œuvre et de caractériser le talent de notre poète est fort éloignée de la vérité. Sans doute Corneille est poète d'instinct, de nature et d'inspiration; on ne saurait dire de lui ce que l'on a dit de Malherbe, que l'art, le travail et la patience l'ont fait poète, plus que le ciel. Mais il n'en est pas moins vrai que Corneille est en même temps un talent laborieux, conscient, réfléchi, qui n'a rien hasardé sans savoir ce qu'il faisait, et sans vouloir le faire. Durant sa longue carrière, il n'a cessé de méditer sur son art, d'en examiner l'objet, les principes, les règles, les moyens, et une partie importante de son œuvre est le fruit de ces réflexions prolongées. Cette partie est toute en prose : elle comprend les *Examens* que, dans l'édition collective de son théâtre donnée en 1660,

Corneille a insérés en tête de toutes ses pièces, tragédies et comédies, antérieures à cette date; en outre, trois *Discours* traitant : *de l'utilité et des parties du poème dramatique; de la tragédie; des trois unités.*

Dans les *Examens,* l'auteur s'est jugé lui-même avec une bonne foi parfaite, une rare modestie, et un sens très judicieux : ils restent en somme le meilleur commentaire de son théâtre, ou du moins la base de toute étude consacrée à Corneille. En énonçant avec netteté le dessein de ses pièces, les sources où il a puisé, les moyens dont il s'est servi, l'objet qu'il s'est proposé, l'auteur semble avoir voulu prévenir les interprétations hasardées, qui, pour complaire aux préoccupations changeantes et aux goûts mobiles des générations successives, chercheraient dans son œuvre autre chose que ce qu'il y a mis, et loueraient ou blâmeraient chez lui des intentions qu'il n'a jamais eues, des beautés ou des défauts également imaginaires.

Les *Discours* abondent en pages de critique littéraire du plus vif intérêt, et d'une grande nouveauté, à l'époque où elles furent écrites; soit que Corneille, traitant la délicate question de la moralité des ouvrages dramatiques, exprime cette idée hardie : que la moralité consiste surtout dans la peinture *naïve* (c'est-à-dire exacte et vraie) des vertus et des vices; soit que, recherchant l'objet du genre dramatique, il confirme Aristote, et prévienne Molière et Racine, en déclarant que : la poésie dramatique a pour but le plaisir des spectateurs, — au risque d'étonner des théoriciens raffinés qui prétendent que l'art n'a d'autre objet que lui-même; soit que, creusant de son mieux la règle imputée à tort à Aristote, la règle désormais sacrée en France des trois unités, il s'efforce, avec plus de bonne foi que d'exactitude, de montrer le parfait accord de son théâtre avec cette règle. En réalité, il avait abordé la scène sans la connaître; il en avait parlé fort légèrement, s'en était même un peu moqué jusqu'à la querelle du *Cid*; la croisade entreprise alors contre lui le fit réfléchir; il était de sa nature hautain, mais timoré. Les semonces de l'Académie et la férule de Chapelain lui imposèrent. Corneille se soumit, et, une fois docile, se convainquit. Sa conversion aux trois unités fut sincère, mais elle lui coûta. Racine, quelques années plus tard, devait porter bien plus légèrement le poids de ces règles; elles gênèrent Corneille. On souffre à voir, dans les *Discours,* les efforts que fait ce grand homme pour se mouvoir dans les entraves où les critiques de son siècle ont réussi à l'envelopper. Certes, il n'en fit pas moins des chefs-d'œuvre. Mais il est permis de penser que s'il eût été livré à la libre allure de son inspiration féconde, moins surveillé, moins harcelé par des hommes aussi médiocres que les Chapelain, les Scudéry, les Mairet, les d'Aubignac, la part de l'excellent eût été plus grande encore dans son œuvre admirable, mais inégale.

La vie de Corneille avait été fort peu traversée d'événements mémorables. Aucun grand poète n'a tenu ses ouvrages plus à l'écart de son foyer. Ceux qui ont voulu chercher dans ses vers l'expression de ses sentiments personnels, ont fait fausse route, car les causes les plus opposées, les opinions les plus contradictoires, les passions les plus diverses ont trouvé en Corneille un interprète également éloquent. Sa grande valeur dramatique est surtout dans l'impersonnalité de son œuvre.

Vers la fin de 1640 ou au commencement de 1641, il avait épousé Marie de Lampérière, fille d'un lieutenant général aux Andelys : elle avait une jeune sœur qui se maria plus tard avec Thomas Corneille, frère cadet de Pierre; ces deux ménages fraternels vécurent dans une étroite union et ne voulurent jamais séparer ni leurs foyers ni leurs fortunes. Thomas, comme Pierre, fut poète dramatique, et remporta quelquefois de brillants succès à la scène. Il ne saurait être question de comparer les deux frères; c'est toutefois beaucoup pour l'honneur de Thomas d'avoir pu, sans ridicule, composer des tragédies dans la maison de Pierre.

Corneille eut six enfants, dont l'éducation acheva de

l'appauvrir. Dans l'intérêt de leur fortune, il quitta Rouen et vint se fixer à Paris en 1662; sa dépense dut s'en trouver fort accrue sans que son revenu augmentât. En ce temps les bénéfices du théâtre étaient nuls ou dérisoires; les comédiens étaient généreux en payant deux mille livres une tragédie en cinq actes [1]. Une pièce était jouée trente fois quand elle avait un grand succès. Une fois imprimée, le droit de la représenter librement appartenait à tous. Les pensions royales (celle de Corneille était de deux mille livres), instituées avec éclat, ne furent jamais payées avec régularité; à la fin on les supprima [2]. Quoi d'étonnant si Corneille, après *Suréna*, se trouva plus pauvre qu'avant *Mélite*? On a pu exagérer la gêne croissante qui attrista ses dernières années. L'anecdote si connue du soulier qu'il fit raccommoder dans une échoppe est apocryphe, et, fût-elle vraie, prouverait sa simplicité plutôt qu'elle n'attesterait sa misère. Il ne paraît pas que Corneille ait manqué strictement du nécessaire. C'est bien assez, ou plutôt c'est trop déjà qu'il ait achevé sa glorieuse vie dans des embarras continuels, en proie aux soucis mesquins de la vie matérielle. Il en souffrit cruellement. « Le mérite console de tout », a dit Montesquieu; mais ce grand moraliste avait trois châteaux, beaucoup de champs et de vignes, une réputation immense, et vendait à bon prix ses vins de Médoc aux Anglais, et ses livres à toute l'Europe.

Après l'obscur *Suréna* (1674), dont les contemporains n'ont même pas mentionné la représentation déserte, Corneille n'écrivit plus que quelques vers de circonstance : sur la paix de Nimègue (1678), sur le mariage du dauphin (1680). Son beau génie s'éteignait; « ses forces diminuèrent de plus en plus, écrit son neveu Fontenelle, et, la dernière année de

---

1. Prix que paya la troupe de Molière pour jouer *Attila* et *Tite et Bérénice*.

2. On supprima du moins celle de Corneille : l'intervention de Boileau la fit rétablir quelques jours avant la mort du poète.

sa vie, son esprit se ressentit beaucoup d'avoir tant produit et si longtemps ». Il mourut dans la nuit du 30 septembre au 1er octobre 1684, âgé de soixante-dix-huit ans trois mois et vingt-quatre jours. Il fut inhumé le lendemain dans l'église Saint-Roch [1]. Cette fin, attendue, n'eut pas un très grand retentissement. L'Académie fit célébrer le service d'usage en l'honneur du plus illustre de ses membres, et, par une attention délicate, elle choisit à l'unanimité Thomas Corneille pour remplacer Pierre.

Voici déjà deux cents ans que Corneille est mort, et depuis deux cents ans sa renommée n'a subi aucun déclin. Il occupe une si haute place dans l'admiration de la postérité, que nul n'est mis au-dessus de lui : peu lui sont comparés.

Doué naturellement d'un génie dramatique tout à fait extraordinaire, il se distingue et excelle surtout par ces trois qualités : la fécondité de l'invention, la variété de la mise en œuvre, et l'éclatante beauté du style. Aucun écrivain n'a mieux écrit en vers que Corneille. J'ajouterai comme un trait propre à son œuvre : l'aspiration constante vers la grandeur. Il a placé très haut son idéal dramatique, si haut qu'il ne l'a pas toujours atteint. Car son œuvre immense est, il faut l'avouer, très inégale.

Jugée dans son ensemble et non sur ses seuls chefs-d'œuvre, elle est peut-être au-dessous de son génie; au-dessous de ce qu'elle eût été, je crois, si Corneille s'était vu mieux servi par les circonstances. Car ses qualités sont à lui seul; ses défauts lui viennent de ses contemporains.

Oui, si grand qu'il soit, Corneille eût été plus grand encore, s'il fût né trente ans plus tôt ou trente ans plus tard. Deux choses lui ont manqué : la liberté et le goût. Né trente ans plus tôt, il eût été libre; on ne lui eût pas

---

1. Où, le 1er octobre 1884, on célébra avec éclat le deuxième centenaire de cette mort.

imposé la contrainte des règles, la surveillance de Chapelain; né trente ans plus tard, il aurait eu plus de goût (autant qu'en eut Racine) par la seule influence du milieu où il eût vécu.

NOTICE SUR NICOMÈDE

Nicomède, la vingt et unième pièce que Corneille mit au théâtre, fut représentée à Paris, à l'Hôtel de Bourgogne, en 1651; quelques-uns disent avant le 1er février, date de la délivrance des princes du sang prisonniers, Condé, Conti et Longueville. Leur captivité prêtait, croit-on, à quelques allusions qui durent contribuer au succès de la pièce : Nicomède, tant de fois vainqueur, odieux à la reine de Bithynie, à l'ambassadeur romain Flaminius, faisait songer peut-être à Condé poursuivi par la haine de la régente Anne d'Autriche et de l'étranger Mazarin. Au reste, supposez que la pièce ait été jouée un peu après la délivrance des princes, l'intérêt de l'allusion demeurait aussi vif.

Nous savons que *Nicomède* fut bien accueilli : « La représentation n'en a point déplu, dit Corneille dans l'*Avis au lecteur*; et comme ce ne sont pas les moindres vers qui soient partis de ma main, j'ai sujet d'espérer que la lecture n'ôtera rien à cet ouvrage de la réputation qu'il s'est acquise jusqu'ici, et ne le fera point juger indigne de suivre ceux qui l'ont précédé. »

Parmi les pièces de Corneille qui ne sont pas considérées comme ses plus beaux chefs-d'œuvre, *Nicomède* est en effet l'une de celles qu'on a toujours revues avec le plus de plaisir au théâtre. L'une des représentations de cette pièce est mémorable : elle eut lieu sept années après la première. « Le 24 octobre 1658, la troupe de Molière, qui venait d'arriver de Rouen à Paris, commença de paraître devant Leurs Majestés et toute la cour sur un théâtre que le roi avait fait dresser dans la salle des gardes du vieux Louvre. *Nicomède*, tragédie de M. de Corneille l'aîné, fut la pièce qu'elle choisit pour cet éclatant début [1]. » Les comédiens de l'Hôtel de Bourgogne assistaient à la représentation. Dans un compliment qu'il adressa au roi, Molière eut soin de combler d'éloges ces illustres rivaux qu'il devait maltraiter si fort, cinq ans plus tard, dans l'*Impromptu de Versailles* [2] ; il y a là dans la vie du grand comique un joli trait de comédie.

Nicomède, comme *Don Sanche*, qui l'avait immédiatement précédé, est une tentative de Corneille dans une voie et un genre nouveaux : ce fécond génie refusait de se répéter : « Voici, dit-il (*Au lecteur*), une pièce d'une constitution assez extraordinaire : aussi est-ce la vingt et unième que j'ai fait voir sur le théâtre ; et après y avoir fait réciter quarante mille vers, il est bien malaisé de trouver quelque chose de nouveau sans s'écarter un peu du grand chemin et se mettre au hasard de s'égarer. La tendresse et les passions, qui doivent être l'âme des tragédies, n'ont aucune part en celle-ci : la grandeur de courage y règne seule et regarde son malheur d'un œil si dédaigneux qu'il n'en saurait arracher une plainte. Elle y est combattue par la politique, et n'oppose à ses artifices qu'une prudence généreuse, qui marche à visage découvert, qui prévoit le péril sans s'émouvoir, et ne veut point d'autre appui que celui de sa vertu et de l'amour qu'elle imprime dans les cœurs de tous les peuples. »

Nous n'aurons mieux à faire qu'à reprendre et développer

---

1. Voyez Molière, *Œuvres*, édit. de 1682, donnée par La Grange, tome 1, fol. 4.

2. Précisément à propos de leur façon de jouer *Nicomède*. Molière épargne Floridor, chef de la troupe (il jouait Nicomède) ; mais il accable Montfleury, qui jouait Prusias ; il raille sa corpulence et son débit emphatique.

ce beau portrait du héros de la pièce, tracé par l'auteur lui-même. Corneille a tiré de Justin [1] le fond et quelques traits de l'action mise en scène : « Prusias, roi de Bithynie, prit dessein de faire assassiner son fils Nicomède, pour avancer ses autres fils, qu'il avait eus d'une autre femme, et qu'il faisait élever à Rome; mais ce dessein fut découvert à ce jeune prince par ceux même qui l'avaient entrepris; ils firent plus : ils l'exhortèrent à rendre la pareille à un père si cruel, à faire retomber sur sa tête les embûches qu'il avait préparées, et n'eurent pas grand'peine à le persuader.... Prusias, chassé du trône, et délaissé même de ses domestiques, quelque soin qu'il prît à se cacher, fut enfin tué par ce fils, et perdit la vie par un crime aussi grand que celui qu'il avait commis en donnant les ordres de l'assassiner. »

Tout autre que Corneille n'aurait vu rien à tirer de ce sanglant épisode d'une abominable histoire : celle des petites cours orientales qui se partagèrent l'héritage d'Alexandre et furent ensuite, une à une, dévorées par les Romains. Corneille seul pouvait entreprendre de tirer de ces vingt lignes de Justin un large tableau de la politique romaine aux prises, dans l'Asie barbare, avec les dynasties locales affaiblies et les résistances nationales exaspérées. Il eût pu personnifier cette résistance du monde asiatique dans le personnage fameux de Mithridate; mais ce prince, trop célèbre, laissait moins de liberté à son imagination créatrice. Il lui préféra l'obscur Nicomède et, pour tracer un portrait tout historique, voulut ne demander qu'un nom à l'histoire. Rien n'est plus cornélien que ce procédé, qui enferme un tableau vrai dans un cadre tout romanesque : « Mon principal but, dit Corneille dans l'*Examen* de sa pièce, a été de peindre la politique des Romains au dehors et comme ils agissaient impérieusement avec les rois leurs alliés; leurs maximes

---

1. Livre XXXIV, chap. IV. Justin, historien latin, abrégea, à une époque incertaine, les *Historiæ Philippicæ* de Trogue-Pompée, lequel vivait au temps d'Auguste.

pour les empêcher de s'accroître et les soins qu'ils prenaient de traverser leur grandeur, quand elle commençait à leur devenir suspecte à force de s'augmenter et de se rendre considérable par de nouvelles conquêtes. »

Montesquieu n'a pas mieux dit : « Leur maxime constante fut de diviser. Lorsqu'ils accordaient la paix à quelque prince, ils prenaient quelqu'un de ses frères ou de ses enfants en otage, ce qui leur donnait le moyen de troubler son royaume à leur fantaisie. Quand ils avaient le plus proche héritier, ils intimidaient le possesseur; ils s'en servaient pour animer les révoltes des peuples. » Telle est toute l'intrigue de *Nicomède*; Montesquieu semble ici la raconter; on dirait que le poète tragique a éclairé l'historien.

Cette intrigue est d'ailleurs tout imaginaire; et Corneille, qui préférait entre toutes ses pièces celles où il avait pu le mieux faire preuve d'esprit créateur, aimait beaucoup *Nicomède* pour ce motif, et disait dans l'*Examen* : « Je ne veux point dissimuler que cette pièce est une de celles pour qui j'ai le plus d'amitié ». Il n'avait suivi Justin que librement; il avait beaucoup adouci l'horreur du récit que fait cet historien; Nicomède n'est plus parricide; et si Prusias songe encore à tuer Nicomède, il est trop faible et trop impuissant pour pousser à bout ce dessein. Les mêmes ambitions sont en jeu; mais Corneille en atténue un peu la férocité. Voltaire regrette qu'il n'ait pas « mêlé le personnage de Nicomède à une intrigue terrible, telle que celle de *Rodogune* ». C'eût été là une pièce toute différente; et nous n'en pouvons rien dire, puisqu'elle n'a pas été faite. Contentons-nous de celle qui existe et qui est bien près d'être un chef-d'œuvre, qui est du moins une pièce originale et attachante.

Un jeune prince très brave, très généreux, bon capitaine, mûri par l'expérience précoce des affaires et par la réflexion, au défaut des années, s'est trouvé jeté par la fortune au milieu d'une cour corrompue où tout lui est hostile : sa marâtre Arsinoé, parce qu'elle veut déposséder le fils du premier lit au profit de son fils à elle; son frère Attale, fils d'Arsinoé, parce qu'il est jaloux de Nicomède et de sa gloire; l'ambassadeur romain, Flaminius, parce que la politique romaine veut que ses agents dans toutes les cours cherchent à perdre tout ce qui est généreux et fier, comme à flatter et à caresser tout ce qui est lâche et bas; enfin son père lui-même, le roi Prusias, type immortel de ces royautés orientales dégradées par le despotisme et la terreur des armes romaines; Prusias, tremblant devant sa femme et devant ses fils; prêt à toute lâcheté, même au crime, pour conserver cette ombre de royauté.

Toutes ces inimitiés liguées contre Nicomède sont devinées, désunies et déjouées par lui, non par la force, mais par « une prudence généreuse qui marche à visage découvert, qui prévoit le péril sans s'émouvoir, et ne veut point d'autre appui que celui de sa vertu ».

Tel Corneille dépeint son héros, tel Nicomède se peint lui-même avec

> ... une âme ouverte, une franchise entière...
> Qui n'a que la vertu de son intelligence,
> Et vivant sans remords marche sans défiance.

Il y a quelque jactance dans le rôle; mais il est ainsi conçu; Nicomède n'est pas un sage, un philosophe. C'est un brave et grand cœur. Parmi tant de lâchetés il devient, par une réaction naturelle, un peu hautain et orgueilleux. Mais avec quelle grâce et quel charme! Voyez-le, en face de ce faible vieillard, Prusias, vain jouet des Romains, essayant de rendre du cœur au roi dégénéré :

> De quoi se mêle Rome, et d'où prend le sénat,
> Vous vivant, vous régnant, ce droit sur votre État?
> Vivez, régnez, Seigneur, jusqu'à la sépulture,
> Et laissez faire après, ou Rome, ou la nature....
> — Portez plus de respect à de tels alliés.
> — Je ne puis voir sous eux les rois humiliés....

Quand les calomnies de sa marâtre le dénoncent à Prusias comme un conspirateur dangereux, ou même un fils parricide, le timide vieillard ne sait à qui obéir, et voudrait, pour avoir la paix, réconcilier Nicomède et Arsinoé :

> J'ai tendresse pour toi, j'ai passion pour elle ;
> Et je ne veux pas voir cette haine éternelle...
> Je veux mettre d'accord l'amour et la nature,
> Être père et mari dans cette conjoncture.

La repartie de Nicomède est plus digne de la majesté royale :

> Seigneur, voulez-vous bien vous en fier à moi ?
> Ne soyez l'un ni l'autre. — Et que dois-je être ? — Roi.
> Reprenez hautement ce noble caractère.
> Un véritable roi n'est ni mari ni père ;
> Il regarde son trône, et rien de plus. Régnez ;
> Rome vous craindra plus que vous ne la craignez.

Quand la péripétie finale a donné pleine victoire à Nicomède, et déjoué les ruses d'Arsinoé et la politique tortueuse de l'ambassadeur romain, Nicomède, se tournant vers ce dernier, lui dit avec cette grâce qui fait le charme de son rôle :

> Seigneur, à découvert, toute âme généreuse
> D'avoir votre amitié doit se tenir heureuse ;
> Mais nous n'en voulons plus avec ces dures lois
> Qu'elle jette toujours sur la tête des rois :
> Nous vous la demandons hors de la servitude,
> Ou le nom d'ennemi nous semblera moins rude.

Un trait dominant du rôle de Nicomède, c'est l'accent ironique avec lequel il répond à ses adversaires, et semble défier leurs efforts. Quelquefois il en abuse un peu ; surtout contre son frère Attale, qu'il méprise[1], mais qu'il devrait ménager davantage, puisqu'au dénouement de la pièce

---

1. Surtout dans la scène II de l'acte I⁻, et dans la scène VII de l'acte III.

Attale sauvera Nicomède; peut-être aussi contre l'ambassadeur Flaminius, dont Corneille a un peu compromis la dignité[1]. Mais que l'attitude de Nicomède est piquante en face d'Arsinoé, sa marâtre, qu'il hait, et dont il est haï! il ne se départ pas un moment d'une politesse glacée, spirituelle et mordante et d'une ironie de bon goût, qui parfois touche au persiflage, sans jamais tomber dans l'insulte[2]. En résumé, l'attrait du personnage est très vif; il intéresse, il se fait aimer; à la fin de la pièce on est d'autant plus satisfait de sa victoire qu'il triomphe modestement, quoique avec grâce et avec esprit. On dira : Le personnage n'est guère oriental, guère bithynien. On n'aura pas tout à fait tort; et toutefois, puisque nous ne savons pas du tout ce qu'était une âme bithynienne, pourquoi ne pas laisser Corneille en profiter? D'ailleurs ces dynasties asiatiques étaient de souche hellénique; Nicomède lui-même était, par sa mère, petit-fils de Philippe; il y a du Grec en lui.

A côté de ce personnage si original et si vivant, celui de Laodice paraît manquer un peu de vie et de personnalité. Elle a pour elle quelques beaux vers à dire :

> Non, je ne vous dis plus désormais que je tremble,
> Mais que, s'il faut périr, nous périrons ensemble.
> Armons-nous de courage et nous ferons trembler
> Ceux dont les lâchetés pensent nous accabler.

Et cette sublime réponse à l'ambassadeur Flaminius qui veut lui faire peur de Rome, « la maîtresse du monde » :

> La maîtresse du monde! Ah! vous me feriez peur,
> S'il ne s'en fallait pas l'Arménie et mon cœur....

Le défaut du personnage est qu'il ne se distingue pas assez de Nicomède. C'est un Nicomède féminin plutôt que

1. Voy. acte III, scène III.
2. Sauf peut-être dans les vers 1255-1256 :

> La fourbe n'est le jeu que des petites âmes,
> Et c'est là proprement le partage des femmes.

ce n'est une femme. Que ces deux illustres amants n'aient qu'une âme et qu'une pensée, c'est bien; mais l'expression pourrait, semble-t-il, en être plus variée. Une jeune fille, même vaillante et hautaine, doit-elle parler comme un général? Rodrigue et Chimène, quoique en lutte, n'ont aussi qu'un cœur et qu'une âme. Est-ce qu'ils parlent le même langage? Ici tel couplet dit par Laodice pourrait être aussi bien dans la bouche de Nicomède, et souvent la mémoire hésite pour savoir auquel il faut l'attribuer.

Le jeune frère de Nicomède, Attale, est un caractère inégal et rempli d'inconséquences. On a souvent blâmé le rôle à ce point de vue, et je crois qu'on a eu tort. Le personnage est fort bien étudié. Corneille a voulu montrer en lui un jeune prince que la nature avait fait bon, généreux même; et que l'éducation, la flatterie, la faiblesse de son père, les caresses d'une mère artificieuse, ont insensiblement perverti. Il voit tout sous de fausses couleurs. C'est un enfant gâté; il croit tout aisé parce qu'on ne lui a jamais rien refusé. Tout cela ne se peint-il pas bien dès la première scène, quand il s'écrie naïvement :

> ..... Mais si le roi le veut.

Au fond il est honnête, et sa méchante mère est obligée de lui cacher les desseins qu'elle forme pour lui :

> Je crains qu'en l'apprenant son cœur ne s'effarouche,
> Je crains qu'à la vertu par les Romains instruit
> De ce que je prépare il ne m'ôte le fruit.

Ailleurs elle lui dit avec une sorte de pitié :

> Vous êtes peu du monde, et savez mal la cour.
> Le temps vous apprendra par de nouveaux emplois
> Quelles vertus il faut à la suite des rois.

Attale n'est point méchant, mais aveuglé : quand on lui ouvrira les yeux, il verra juste et agira bien. C'est Flaminius qui se charge de ce soin, mais sans le savoir; c'est lui qui, sans l'avoir voulu, convertit Attale et le fait honnête homme.

Le caractère de Flaminius n'est pas le mieux suivi qu'offre la pièce : il y a comme une sorte de contradiction dans la conception même du rôle. En effet, d'une part, il est imaginé pour être, durant toute la pièce, sacrifié à l'ennemi des Romains, à Nicomède. D'autre part, Corneille ne pouvait se résoudre à maltraiter trop fort ces Romains qu'il aime et qu'il admire et qu'il a dépeints avec tant de complaisance dans la moitié de son théâtre. Il essaye donc de relever Rome en prêtant à Flaminius quelques beaux accents de patriotisme. Au reste, il s'est mépris sur le vrai caractère et sur le nom même du personnage. Il en fait le fils du consul plébéien Flaminius vaincu à Trasimène, mais le Romain qu'il prétend mettre en scène est le vainqueur de Philippe à Cynoscéphale, et s'appelle réellement Titus Quintius Flamininus [1]; il était patricien, aristocrate, d'une famille illustre et ancienne, mais fort dégagé de tout patriotisme étroit, exclusif et mesquin, ami de la civilisation grecque, et plein d'une admiration intelligente pour la merveilleuse culture intellectuelle et philosophique dont ce peuple avait reçu l'héritage. Le premier, Flamininus semble avoir compris la force d'expansion et d'influence morale que l'élément hellénique, introduit dans l'État romain, ajouterait à la puissance de la République. En face de Caton, le dernier des Romains purement citoyens romains, Flamininus nous apparaît, plus que Scipion même, comme le premier des Romains citoyens du monde.

Corneille a fort simplifié cette physionomie, dont les nuances multiples se prêtaient mal aux procédés dramatiques : il a ramené Flamininus ou Flaminius au type abstrait de l'ambassadeur romain. Sa politique est bien celle

---

1. L'erreur a été faite avant Corneille. La *Vie de Flamininus* dans Amyot est intitulée : *Vie de Flaminius.*

que Rome a suivie pour vaincre le monde : affaiblir en tous pays ceux qui sont puissants; fortifier ceux qui sont faibles; diviser ceux qui sont alliés; attiser les haines entre ceux qui sont désunis; et traiter en ennemi de Rome tout ce qui ne veut pas être son esclave. Les desseins de Flaminius sont plus hardis que son personnage. Il semble que Corneille s'est préoccupé surtout de faire Nicomède très grand, supérieur à tout ce qui l'entoure. Mais fallait-il à ce point rapetisser tous les autres rôles? N'est-ce pas courir le risque de nous laisser croire que Nicomède n'est grand que de la petitesse des autres personnages?

Malgré quelques beaux vers dignes de Rome que dit çà et là Flaminius, l'ambassadeur est trop humilié par Nicomède, surtout dans les deux grandes scènes de l'entrevue avec le roi, et de l'entrevue avec Laodice. A la fin de la pièce, sa fuite interrompue et son retour ridicule achèvent de lui faire perdre tout prestige. C'est là une faute de l'auteur; Corneille la justifie mal en alléguant que le public aime à revoir dans la dernière scène tous les personnages de la pièce. Un homme tel que Flaminius, quand tous ses desseins ont échoué, quand sa politique est déjouée, quand sa proie, Nicomède, lui échappe et se rit de lui, ne devrait pas reparaître sur le théâtre, où l'attend la dédaigneuse ironie du vainqueur.

Mais quel rôle que celui de ce jeune prince hautain, méprisant, imperturbable, à qui tous les autres sont ensemble ou tour à tour sacrifiés! Ce rôle, tout plein de nuances très fines, veut un acteur du premier mérite. Lekain en convenait dans ses *Mémoires* : « Il faut un grand art à l'acteur chargé de ce rôle pour ne pas y laisser apercevoir le ton de la comédie. Le grand Baron était le seul qui savait le sauver par des nuances imperceptibles; et c'est ce qui constitue le génie et le vrai talent. »

Ces lignes demandent explication. Lekain a raison s'il pense qu'il n'y a rien de proprement comique dans le personnage de Nicomède. Mais Lekain a tort s'il ne voit pas que l'élément comique a une place considérable dans la tragédie de *Nicomède*; non par une négligence ou un manque de goût de Corneille (comme Voltaire dans son *Commentaire* le croit ou feint de le croire), mais par un dessein arrêté.

Nicomède, conçu, écrit et joué durant la Fronde, est, de toutes les pièces de Corneille, celle où se reflète le mieux cette époque singulière et complexe : époque sombre et tragique sans l'être uniquement; le sourire s'y mêle aux larmes, il s'y verse moins de sang qu'il ne s'y dépense d'esprit; à côté des héros, les *ridicules* y ont leur rôle. Enfin, la Fronde est, comme *Nicomède*, une sorte de tragi-comédie.

Ce caractère est bien marqué dans la pièce. Le héros lui-même, par l'usage continuel qu'il fait de l'ironie, paraît souvent côtoyer le langage de la comédie.

La marâtre, Arsinoé, apporte tant de bassesse dans la méchanceté, tant de vulgarité dans la noirceur, elle explique ses vues mesquines avec tant de petitesse d'âme et trompe son vieux mari par des larmes si hypocrites, que tout le rôle excite plus de mépris que de terreur.

Surtout le vieux Prusias tremblant devant les Romains, devant sa femme, devant Nicomède et même devant Laodice, tiraillé entre toutes les passions contraires qui se livrent bataille autour de lui, n'aspirant qu'à la paix et n'osant l'imposer; exprimant ses petits desseins, ses médiocres vues, sa politique rampante et à courte vue dans un langage tout à fait trivial; d'ailleurs se contredisant à toute heure, malheureux jouet du dernier qui lui parle : Prusias est un vrai rôle de comédie, et qui fait rire, à la fin, dès qu'il ouvre la bouche.

Il y a longtemps que ce mélange du comique au tragique dans *Nicomède* a frappé la critique. Au XVIIIe siècle Voltaire s'en étonnait, y voyait un défaut d'exécution dans la pièce et notait comme mauvais tous les vers entachés de trivialité; comme déplacés, tous les sentiments entachés de ridicule. La Harpe n'était pas moins sévère que Voltaire .

« Les anciens, écrivait-il, n'avaient jamais connu cet alliage du tragique et du familier, du sérieux et du bouffon, marqué au coin de la barbarie. Mais comme il faisait le fond du théâtre des Espagnols, qui servit longtemps de modèle au nôtre, nos auteurs qui empruntaient leurs pièces et leurs défauts, quoique sans descendre au même degré de bouffonnerie, imaginèrent ce nom de *tragi-comédie*, qu'ils donnaient surtout aux pièces où il n'y avait point de sang répandu et qui excusait la bigarrure de leurs drames informes. Mais depuis que Racine eut fait voir le premier comment on pouvait être, dans tout le cours d'une pièce, à la fois simple et noble, naturel et élégant, sans tomber jamais dans le familier et dans le bas, il n'y eut plus de *tragi-comédie*. »

Au contraire, au xixe siècle, le caractère ambigu de notre pièce lui méritait l'honneur d'être nommée avec éloge dans la préface de *Cromwell*, et Corneille était mis au nombre des précurseurs du drame romantique à cause de son *Nicomède*.

Il est certain que le rôle de Prusias dans cette tragédie est un rôle purement comique; et que celui de sa méchante femme, Arsinoé, l'est aussi presque toujours, un peu noirci seulement par la perfidie du personnage. « Si Prusias n'est pas du commencement jusqu'à la fin un vieillard de comédie, dit Voltaire, j'ai tort. » Voltaire n'a pas tort, ou plutôt il a tort seulement de paraître croire qu'il hasarde un grand paradoxe. Oui, Prusias est comique et Corneille l'a voulu faire tel; d'un bout à l'autre il l'a représenté ridicule et mesquin : roi « en peinture », mari timide, père faible et jaloux, il est incapable de tout sentiment un peu élevé, surtout de la reconnaissance.

> On n'aime point à voir ceux à qui l'on doit tant.

Il n'essaye même pas de cacher son ingratitude : il dit d'un accent grognon à Nicomède :

> Vous pouviez vous passer de mes embrassements,
> Me faire par écrit de tels remerciements.

Sa politique servile ne connaît qu'un principe : trembler devant les Romains.

> Pour de pareils amis il faut se faire effort....
> Ah ! ne me brouillez point avec la République....
> Le temps et la raison pourront le rendre sage,

dit-il à l'ambassadeur de Rome en lui demandant grâce pour les hardiesses de Nicomède. Il charge son fils de répondre en sa place à Flaminius, et se croit ainsi très habile ; car ensemble il compromettra Nicomède et ne se compromettra point lui-même. Au fond il a peur de son fils presque autant que des Romains. Mais d'ailleurs tout l'effraye, et même Laodice, quoiqu'il n'en veuille pas convenir :

> J'ai sur elle après tout une puissance entière.
> Mais j'aime à la cacher sous le nom de prière.

Sa femme, qu'il aime lâchement, lui fait peur, plus que tout le reste, quoique d'une autre façon. C'est surtout en face d'elle que Prusias tourne au vieillard de comédie. Les larmes d'Arsinoé le trouvent vaincu d'avance.

Un rôle odieux, mais bien vivant et bien vrai, c'est celui de cette seconde épouse, encore jeune, d'un mari déjà vieux ; elle hait le fils aîné, le fils du premier lit, l'héritier légitime, et veut le déposséder pour élever le sien au trône. Comme tous les traîtres de notre théâtre, elle est peut-être un peu trop noire, et semble trop se plaire à étaler sa noirceur :

> .... Il n'est fourbe ni crime
> Qu'un trône acquis par là ne rende légitime [1].

---

1. Cette sorte de machiavélisme cynique est d'ailleurs un lieu commun de la tragédie classique. Livie dit de même dans *Cinna* :

> Tous ces crimes d'État qu'on fait pour la couronne,
> Le ciel nous en absout alors qu'il nous la donne.

Mais, dans son rôle de marâtre hypocrite et jalouse, elle est parfaite et joue son personnage à merveille. Elle a certainement servi de modèle à la *Béline* de Molière, et nous nous garderons bien de blâmer Corneille d'avoir fourni, dans une tragédie, une situation à la pure et franche comédie. Ce n'est là ni une faute, ni un hasard. Son regard a percé jusqu'au fond de l'histoire de ces temps où vécurent les Prusias, les Eumène, les Antiochus, les Attale. Il a deviné que l'extrême abaissement politique de ces rois avilis supposait le même abaissement dans leur famille et dans leur vie domestique. Il a voulu que le mari tremblât devant sa femme comme le roi devant les Romains. Le peu que nous savons de l'histoire de ces monarchies confirme entièrement les vues de Corneille. C'est une lugubre série de querelles domestiques, de haines privées, de « tragédies de sérail », comme on devait dire plus tard.

Avant Béline, Arsinoé jure à son vieux mari qu'elle ne survivra pas à la mort d'un époux si cher :

> Je n'aime point si mal que de ne vous pas suivre,
> Sitôt qu'entre mes bras vous cesserez de vivre ;
> Et sur votre tombeau mes premières douleurs
> Verseront tout ensemble et mon sang et mes pleurs.
> — Ah ! Madame. — Oui, Seigneur, cette heure infortunée
> Par vos derniers soupirs clora ma destinée.

Écoutons à présent Béline dans *le Malade imaginaire* : Argan veut, en tournant la loi, donner toute sa fortune à sa femme : « Mon Dieu ! il ne faut point vous tourmenter de cela ! S'il vient faute de vous, mon fils, je ne veux plus rester au monde. — M'amie ! — Oui, mon ami ; si je suis assez malheureuse pour vous perdre.... — Ma chère femme !... — La vie ne me sera plus de rien. — M'amour ! — Et je suivrai vos pas pour vous faire connaître la tendresse que j'ai pour vous. — M'amie, vous me fendez le cœur ! Consolez-vous, je vous en prie ! »

Ainsi la situation est si purement comique qu'elle a pu

repasser tout entière dans une pure comédie. Mais Corneille a si peu songé à dissimuler ce caractère ou cette tendance de sa pièce, qu'il l'a terminée enfin par des vers qui nous font voir, selon la tradition comique, le personnage ridicule enraciné dans son travers, bien loin d'en être guéri. Au moment où la politique romaine est déjouée, Nicomède, vainqueur; Flaminius, humilié; Prusias, comme s'il n'eût rien compris à ce dénouement, conclut la pièce en vantant les douceurs de l'amitié de Rome :

> Et demandons aux Dieux, nos dignes souverains,
> Pour comble de bonheur l'amitié des Romains.

Dix comédies classiques finissent de la même façon, comme pour affirmer que, si elles corrigent les mœurs, ce ne sont pas celles de leurs personnages [1].

Ainsi *Nicomède* est une tragédie, où le comique et le familier sont entrés comme un élément très important. Que faut-il penser de cette innovation? Est-ce un signe que le génie de Corneille allait s'affaiblissant? Ainsi l'a cru Voltaire. Est-ce une marque de l'infinie variété et de la merveilleuse souplesse de son esprit?

Une œuvre dramatique n'est pas la copie servile de la réalité. Autrement il va de soi qu'elle devrait admettre le mélange du tragique et du comique; attendu que, dans la vie réelle, ce mélange est journalier; partout le rire se

---

1. LE MISANTHROPE. — Je vais sortir d'un gouffre où triomphent les vices
    Et chercher sur la terre un endroit écarté
    Où d'être homme d'honneur on ait la liberté.

L'AVARE. — Et moi, j'irai voir ma chère cassette.

LE JOUEUR. — Va va, consolons-nous, Hector, et quelque jour
    Le jeu m'acquittera des pertes de l'amour.

LE DISTRAIT. — Vous n'y songez donc plus ; vous êtes marié.
    — Tu m'en fais souvenir. Je l'avais oublié.

L'IRRÉSOLU. — J'aurais mieux fait, je crois, d'épouser Célimène.

(Après avoir, cinq actes durant, hésité entre Célimène et Julie et s'être enfin décidé pour Julie.)

mêle aux larmes, et les bouffons coudoient les héros. Mais le théâtre ne doit pas étaler les événements dans la même confusion où la vie les présente. Balzac parle, dans son *Socrate chrétien*, « de ces grandes tragédies dont le monde est le théâtre; Dieu, le poète; et souvent un faquin en est l'Atrée ou l'Agamemnon ». Dieu n'en est pas seulement le poète, il en est aussi le seul spectateur intelligent; lui seul débrouille l'unité dans ce chaos des faits humains. Le spectateur mortel veut plus d'ordre et de simplicité dans la pièce qu'il contemple. Il veut emporter du théâtre une impression claire, une et simple, sans ambiguïté ni contradiction, tandis que le spectacle des événements de la vie nous laisse indécis, inquiets, ignorants de leur sens et de leur portée.

Le mélange du tragique et du comique altère-t-il dans le drame cette simplicité d'impression? Au fond, les deux genres sont distincts non par le caprice des rhéteurs, mais par la nature des choses. Ce n'est pas Boileau qui a inventé cette distinction, il l'a seulement compromise en l'appuyant sur des motifs de goût et de convenance; elle repose sur une base bien autrement solide. Le drame est la peinture de l'homme agissant. Mais il y a deux manières tout à fait opposées de peindre l'homme, parce qu'il y a deux manières non moins opposées de le comprendre. Pascal, qui voyait l'homme à la fois si grand et si petit, disait de lui qu'il n'est ni ange, ni bête; c'est-à-dire sans doute : qu'il est un peu l'un et l'autre. On peut le faire ou l'un ou l'autre : ange, tantôt radieux, tantôt déchu; ou tout simplement bête, bête vicieuse et grotesque. On peut le prendre au sérieux, ou en dérision; le montrer grandiose, dans le bien ou le mal; ou seulement ridicule; le faire enfin ou tragique, ou comique. Les deux peintures, les deux genres peuvent se mêler, s'associer; mais ils répondent toujours à deux éléments dramatiques parfaitement distincts l'un de l'autre.

Mais à quelle condition les deux genres pourront-ils s'associer? A condition que l'unité d'impression ne soit pas détruite. Le spectateur ne saurait souffrir qu'on l'abandonnât au désenchantement d'une situation ambiguë : incertain s'il doit rire ou pleurer, s'apitoyer sur les malheurs d'un héros, ou s'amuser des folies d'un bouffon. Il y a des sujets tragiques, et dans une tragédie il y a des scènes, des situations, des rôles qui souffrent l'introduction du comique; tandis que d'autres ne la souffrent pas. En général, il faut que la tragédie abaisse un peu le ton pour pouvoir s'allier au comique. Si l'impression qu'elle tend à produire n'est ni l'extrême pitié, ni l'extrême terreur, les rôles comiques et les rôles tragiques pourront s'unir, et contribuer ensemble à l'effet général, se servir sans se heurter. C'est le cas qui s'offre à nous dans *Nicomède*. L' « admiration tranquille » que le poète veut exciter en faveur de son héros, se concilie fort bien avec le mépris que nous ressentons pour Prusias. Loin de s'exclure, les deux sentiments s'appellent; l'impression demeure une et simple. Mais supposez que dans cette pièce le sang coule, et les larmes; que Nicomède assassine Prusias (comme il arrive dans Justin), le mélange du comique et du tragique y sera difficilement supportable. Pour que nous puissions dédaigner Prusias à notre aise, il faut que Nicomède ne soit pas parricide. Oreste tuant sa mère, Œdipe incestueux, Phèdre adultère, calomniatrice et meurtrière, excluent le rire et le ridicule. Tous les grands poètes l'ont pensé ainsi. Shakspeare lui-même n'a pas semé indistinctement le comique dans la tragédie. Mais dans ses plus beaux drames, quand le dénouement approche, il bannit entièrement le rire, parce qu'il juge l'intérêt du spectateur trop fortement excité pour que son âme soit accessible à aucune distraction. Nos poètes classiques n'ont pas cru pouvoir même aller aussi loin. Ils n'ont jamais permis que le ridicule se mêlât au pathétique, ni que la douleur éclatât parmi les rires. Moins conformes en cela, sans doute, à la réalité de la vie, ils ont peut-être mieux répondu à une inspiration de notre âme, que certains contrastes de sentiments surprennent et blessent, comme le mélange de cou-

leurs criardes offusque notre vue, ou comme un son discor-
dant déchire notre oreille. Ceux de nos poètes modernes
qui ont indiscrètement jeté les folies d'un bouffon au milieu
des sanglots d'un cœur navré, n'ont pas su toujours échap-
per au danger de ces tentatives : le tragique a souvent
perdu chez eux quelque chose de sa grandeur, et le comique beaucoup de sa gaieté.

Corneille a osé, dans cette voie, moins que les romantiques,
mais beaucoup plus que Racine et les poètes de son école.
« Il s'est écarté du grand chemin au hasard de s'égarer[1]. » Il
ne s'égara pas. Son génie, encore dans toute sa vigueur, le
servit bien cette fois. S'il y a quelques faiblesses de style
dans *Nicomède*, le fond de la pièce est inventé avec bonheur,
la composition en est savante; les caractères vivants et
variés; l'intérêt soutenu; le style même, excellent, sauf
quelques taches légères. Qu'on cesse donc de se soucier,
après Voltaire, du nom qu'il faut donner à cette œuvre
singulière. Qu'on l'appelle, si l'on veut, *comédie héroïque*,
ainsi que *Don Sanche d'Aragon*. Ce titre ne convient pas
mal à un drame où tous les intérêts sont grands en eux-
mêmes, mais conduits par des passions assez mesquines.
Les noms sont illustres; le cadre est grandiose; mais les
hommes qui le remplissent sont, au fond, faits comme
d'autres hommes, et c'est bien une espèce de comédie qu'ils
jouent. Au reste, qu'importe-t-il? Nous ne sommes plus au
temps où un vain scrupule au sujet d'un titre de pièce
aurait pu troubler notre critique et inquiéter notre admiration.

1. Voyez ci-dessous : *Au lecteur*.

ANALYSE DE NICOMÈDE

ACTE Ier

Sc. i. — Laodice, reine d'Arménie, est aimée de Nicomède, fils aîné du roi de Bithynie, Prusias. Nicomède a quitté brusquement l'armée qu'il commande sur la frontière. Laodice blâme son imprudence : la cour de Prusias est gouvernée par les ennemis du jeune prince : Arsinoé, sa belle-mère, et l'ambassadeur de Rome, Flaminius. Nicomède lui répond que son armée n'est pas plus sûre pour lui. La reine y aposte des assassins pour tuer son beau-fils. Laodice et Nicomède jurent de lutter et, s'il le faut, de périr ensemble.

Sc. ii. — Attale, fils de Prusias et d'Arsinoé, récemment revenu de Rome, où il a été élevé, s'est épris de Laodice, et lui déclare son amour, qu'elle écarte avec un dédain railleur. Nicomède, que son jeune frère n'avait jamais vu, se mêle à l'entretien, et s'amuse à piquer et embarrasser Attale, qui enfin s'emporte.

Sc. iii. — La reine Arsinoé entre à ce moment, et feint la surprise en voyant Nicomède. Attale est confus d'avoir insulté son frère aîné. Nicomède l'invite à lutter contre lui, mais loyalement. L'avenir montrera lequel des deux frères aura le mieux mérité de plaire à Laodice.

Sc. IV. — Arsinoé éloigne son fils Attale pour rester seule avec sa confidente Cléone.

Sc. V. — Arsinoé révèle à Cléone qu'elle n'a point voulu tuer son beau-fils ; mais un de ses affidés a feint de trahir un plan d'assassinat pour enlever Nicomède à son armée et le ramener à la cour, où sa perte l'attend. Il va braver Rome et son père ; et Flaminius en délivrera la reine ; le trône restera libre pour Attale.

ACTE II

Sc. I. — Prusias est irrité du retour de Nicomède. Il explique à son capitaine des gardes, Araspe, qu'il doit trop à son fils, pour n'en pas beaucoup craindre. Araspe, âme perfide et vendue à Arsinoé, feint de défendre Nicomède, et attise les griefs du roi contre le prince.

Sc. II. — Prusias accueille fort mal Nicomède, qui se présente à lui respectueusement ; puis il feint de s'apaiser, mais c'est pour tendre un piège à son fils. L'ambassadeur de Rome, Flaminius, a demandé audience au roi. Prusias veut que son fils réponde aux Romains pour lui.

Sc. III. — Flaminius, au nom du sénat romain qui a élevé le jeune Attale, demande pour ce prince une couronne. Nicomède, invité à répondre, s'indigne que les Romains se mêlent de distribuer les diadèmes ; il s'emporte, il outrage Flaminius ; et, disciple d'Annibal, il rappelle malignement les sanglantes défaites que son maître a fait essuyer aux Romains. Flaminius répond que Nicomède craint à tort pour sa couronne héréditaire ; c'est celle d'Arménie que Rome destine à Attale ; il épousera la reine Laodice. Ce coup n'effraye point Nicomède. « Laodice est reine, dit-il, et c'est à elle de choisir son époux. » Là-dessus il s'éloigne hautain et menaçant.

Sc. IV. — Prusias et Flaminius se décident à négocier auprès de Laodice pour obtenir qu'elle épouse Attale.

ACTE III

Sc. I. — Prusias essaye le premier, sans succès, de faire céder Laodice; il lui annonce qu'elle n'entrera en possession du trône d'Arménie qu'à condition de le partager avec Attale. Rome le veut ainsi.

Sc. II. — Flaminius est demeuré seul auprès de Laodice; il lui vante inutilement les avantages de l'alliance romaine; la princesse demeure inflexible.

Sc. III. — Nicomède interrompt l'entrevue et congédie Flaminius, sans lui ménager les outrages.

Sc. IV. — Puis il annonce à Laodice qu'il a dénoncé les trames d'Arsinoé à Prusias; la lutte est engagée entre le prince et sa marâtre.

Sc. V. — Attale paraît à ce moment; Laodice, outrée de dépit, s'éloigne sans vouloir l'entendre.

Sc. VI. — Nicomède reproche à son frère de ne pas tenir sa parole; car, pour enlever Laodice à son aîné, il appelle à son secours Rome et Prusias. Attale s'excuse avec esprit sur sa propre faiblesse.

Sc. VII. — Arsinoé vient avec Araspe inviter Nicomède à paraître devant son père. La belle-mère et le beau-fils s'attaquent et se défient par des mots piquants où leur haine mutuelle éclate. Nicomède s'éloigne.

Sc. VIII. — Arsinoé annonce à Attale la perte où court son frère. Attale, honnête au fond, exprime des scrupules, qu'Arsinoé traite d'enfantillages.

ACTE IV

Sc. i. — Arsinoé, fidèle à son rôle d'hypocrisie, feint d'être au désespoir que des assassins apostés aient pu l'accuser de vouloir attenter à la vie de son beau-fils. Prusias s'attendrit en voyant pleurer sa femme.

Sc. ii. — Arsinoé, enhardie, voyant entrer Nicomède, ose demander sa grâce. Nicomède repousse dédaigneusement cet appui; il énumère ses services. Arsinoé proteste de son innocence, et dit tout ce qu'elle a fait pour servir Nicomède. Nicomède prétend qu'elle n'a servi qu'Attale; et proteste que son passé répond pour lui-même; un homme comme lui se fût vengé en soulevant ses troupes, non en calomniant une femme. Arsinoé s'éloigne, feignant de céder la place, mais encore hautaine, la menace et la raillerie à la bouche.

Sc. iii. — Prusias veut trouver une transaction qui l'accommode avec tous; Nicomède peut choisir : ou il succédera à son père, ou il épousera Laodice. Nicomède répond que Laodice est libre et que Prusias est vivant; il refuse le choix qu'on prétend lui dicter.

Sc. iv. — Flaminius entre alors, et Prusias, pour montrer au Romain sa docilité, annonce qu'il fait son fils Attale seul héritier de ses couronnes; et qu'il envoie Nicomède à Rome en otage, ou plutôt comme prisonnier.

Sc. v. — Attale est resté seul avec Flaminius, auquel il avoue que son union avec Laodice lui est plus chère encore que le trône de Bithynie. Mais Rome ne veut pas que deux grands royaumes tombent dans la même main. Flaminius interdit à Attale de plus songer à Laodice, sous peine d'encourir l'indignation du sénat.

Sc. vi. — Attale est seul; il comprend tout; Rome se joue des rois. Mais puisqu'il faut obéir, mieux vaut encore obéir à Nicomède. Attale se résout à sauver son frère.

ACTE V

Sc. i. — Le peuple s'est soulevé en apprenant que Nicomède est emmené à Rome. Arsinoé s'en inquiète peu, et cherche à détacher Attale de son amour pour Laodice.

Sc. ii. — Flaminius annonce que la révolte est sérieuse; il faut se hâter d'y apporter remède.

Sc. iii. — Prusias entre, et accuse les gens de Laodice d'avoir soulevé le peuple.

Sc. iv. — Cléone apporte de graves nouvelles; le peuple a massacré les faux assassins apostés par Arsinoé; il redemande à grands cris Nicomède.

Sc. v. — Araspe entre en déclarant qu'il ne répond plus de son prisonnier, Nicomède, si l'on tarde à en disposer. Prusias parle de tuer son fils; mais Arsinoé n'ose aller si loin. Flaminius intervient et réclame Nicomède comme otage de Rome; il offre de l'emmener avec lui, en gagnant en secret le port et sa galère. Cependant Prusias amusera le peuple par de vaines promesses. Attale feint de le suivre et s'éloigne en réalité pour délivrer son frère.

Sc. vi. — Laodice, qui ignore ces desseins formés contre Nicomède, arrive en bravant Arsinoé. Celle-ci, qui croit que la perte de Nicomède est sûre, répond avec non moins de hauteur. Elle annonce à Laodice l'enlèvement de son amant. Laodice éclate en transports d'indignation, et jure qu'elle ira jusqu'à Rome arracher Nicomède aux Romains.

Sc. vii. — Attale rentre en feignant le plus grand effroi; Nicomède s'est échappé; il est libre au milieu du peuple soulevé. Prusias est en fuite avec Flaminius.

Sc. viii. — Prusias et l'ambassadeur reparaissent [1] ayant renoncé à fuir. Arsinoé veut mourir. Laodice promet à tous ces vaincus la générosité du vainqueur.

1. Voy. ci-dessus, p. 38.

Sc. IX. — En effet, Nicomède rentre au palais ayant calmé l'insurrection, il vient déposer ses respects aux pieds de Prusias et d'Arsinoé, que tant de magnanimité confond, et réduit à se taire et à céder. Mais qui l'a sauvé? Attale lui-même se dénonce; les deux rivaux sont redevenus frères. Nicomède offre à Flaminius d'accepter l'alliance romaine, pourvu que ce mot ne couvre pas la servitude [1].

1. Sur les derniers vers de la pièce, voyez ci-dessus, p. 43.

AU LECTEUR

Voici une pièce d'une constitution assez extraordinaire : aussi est-ce la vingt et unième que j'ai fait voir sur le théâtre; et après y avoir fait réciter quarante mille vers, il est bien malaisé de trouver quelque chose de nouveau, sans s'écarter un peu du grand chemin, et se mettre au hasard de s'égarer. La tendresse et les passions, qui doivent être l'âme des tragédies, n'ont aucune part en celle-ci : la grandeur de courage y règne seule, et regarde son malheur d'un œil si dédaigneux qu'il n'en sauroit arracher une plainte. Elle y est combattue par la politique, et n'oppose à ses artifices qu'une prudence généreuse, qui marche à visage découvert, qui prévoit le péril sans s'émouvoir, et ne veut point d'autre appui que celui de sa vertu, et de l'amour qu'elle imprime dans les cœurs de tous les peuples. L'histoire qui m'a prêté de quoi la faire paroître en ce haut degré est tirée de Justin; et voici comme il la raconte à la fin de son trente-quatrième livre [2] :

1. On lit cette préface en tête de l'édition originale de *Nicomède*. *Nicomède, tragédie.* A Rouen, chez Laurens Maurry... M. DC. LI. *Et se vend à Paris, chez Charles de Sercy* (4 ff. et 124 pages in-4°. Achevé d'imprimer le 29 novembre 1651).

2. Livre XXXIV, ch. IV.

« En même temps Prusias, roi de Bithynie, prit dessein de faire assassiner son fils Nicomède, pour avancer ses autres fils, qu'il avoit eus d'une autre femme, et qu'il faisoit élever à Rome ; mais ce dessein fut découvert à ce jeune prince par ceux même qui l'avoient entrepris ; ils firent plus, ils l'exhortèrent à rendre la pareille à un père si cruel, et faire retomber sur sa tête les embûches qu'il lui avoit préparées, et n'eurent pas grande peine à le persuader. Sitôt donc qu'il fut entré dans le royaume de son père, qui l'avoit appelé auprès de lui, il fut proclamé roi ; et Prusias, chassé du trône, et délaissé même de ses domestiques, quelque soin qu'il prît à se cacher, fut enfin tué par ce fils, et perdit la vie par un crime aussi grand que celui qu'il avoit commis en donnant les ordres de l'assassiner. »

J'ai ôté de ma scène l'horreur d'une catastrophe si barbare, et n'ai donné ni au père ni au fils aucun dessein de parricide. J'ai fait ce dernier amoureux de Laodice, afin que l'union d'une couronne voisine donnât plus d'ombrage aux Romains, et leur fît prendre plus de soin d'y mettre un obstacle de leur part. J'ai approché de cette histoire celle de la mort d'Annibal, qui arriva un peu auparavant chez ce même roi, et dont le nom n'est pas un petit ornement à mon ouvrage. J'en ai fait Nicomède disciple, pour lui prêter plus de valeur et plus de fierté contre les Romains ; et prenant l'occasion de l'ambassade où Flaminius fut envoyé par eux vers ce roi, leur allié, pour demander qu'on remît entre leurs mains ce vieil ennemi de leur grandeur, je l'ai chargé d'une commission secrète de traverser ce mariage, qui leur devoit donner de la jalousie. J'ai fait que pour gagner l'esprit de la Reine, qui, suivant l'ordinaire des secondes femmes, avoit tout pouvoir sur celui de son vieux mari, il lui ramène un de ses fils, que mon auteur m'apprend avoir été nourris à Rome. Cela fait deux effets; car d'un côté, il obtient la perte d'Annibal par le moyen de cette mère ambitieuse; et de l'autre, il oppose à Nicomède un rival appuyé de toute la faveur des Romains, jaloux de sa gloire et de sa grandeur naissante.

Les assassins qui découvrirent à ce prince les sanglants desseins de son père m'ont donné jour à d'autres artifices pour le faire tomber dans les embûches que sa belle-mère lui avoit préparées; et pour la fin, je l'ai réduite en sorte que tous mes personnages y agissent avec générosité, et que les uns rendant ce qu'ils doivent à la vertu, et les autres demeurant dans la fermeté de leur devoir, laissent un exemple assez illustre, et une conclusion assez agréable.

La représentation n'en a point déplu; et comme ce ne sont pas les moindres vers qui soient partis de ma main, j'ai sujet d'espérer que la lecture n'ôtera rien à cet ouvrage de la réputation qu'il s'est acquise jusqu'ici, et ne le fera point juger indigne de suivre ceux qui l'ont précédé. Mon principal but a été de peindre la politique des Romains au dehors, et comme ils agissoient impérieusement avec les rois leurs alliés, leurs maximes pour les empêcher de s'accroître, et les soins qu'ils prenoient de traverser leur grandeur, quand elle commençoit à leur devenir suspecte à force de s'augmenter et de se rendre considérable par de nouvelles conquêtes. C'est le caractère que j'ai donné à leur république en la personne de son ambassadeur Flaminius, qui rencontre un prince intrépide, qui voit sa perte assurée sans s'ébranler, et brave l'orgueilleuse masse de leur puissance, lors même qu'il en est accablé. Ce héros de ma façon sort un peu des règles de la tragédie, en ce qu'il ne cherche point à faire pitié par l'excès de ses malheurs ; mais le succès a montré que la fermeté des grands cœurs, qui n'excite que de l'admiration dans l'âme du spectateur, est quelquefois aussi agréable que la compassion que notre art nous commande de mendier pour leurs misères. Il est bon de hasarder un peu, et ne s'attacher pas toujours si servilement à ses préceptes, ne fût-ce que pour pratiquer celui de notre Horace :

Et mihi res, non me rebus, submittere conor [1];

mais il faut que l'événement justifie cette hardiesse ; et dans une liberté de cette nature on demeure coupable, à moins que d'être fort heureux.

---

1. Horace, *Épîtres.* livre 1 Ép. 1re, vers 19. Il y a dans le texte d'Horace *subjungere*.

EXAMEN [1]

Voici une pièce d'une constitution assez extraordinaire : aussi est-ce la vingt et unième que j'ai mise [1] sur le théâtre ; et après y avoir fait réciter quarante mille vers, il est bien malaisé de trouver quelque chose de nouveau, sans s'écarter un peu du grand chemin, et se mettre au hasard de s'égarer. La tendresse et les passions, qui doivent être l'âme des tragédies, n'ont aucune part en celle-ci : la grandeur de courage y règne seule, et regarde son malheur d'un œil si dédaigneux qu'il n'en sauroit arracher une plainte. Elle y est combattue par la politique, et n'oppose à ses artifices qu'une prudence généreuse, qui marche à visage découvert, qui prévoit le péril sans s'émouvoir, et qui ne veut point d'autre appui que celui de sa vertu et de l'amour qu'elle imprime dans les cœurs de tous les peuples.

L'histoire qui m'a prêté de quoi la faire paroître en ce haut degré est tirée du trente-quatrième livre de Justin. J'ai ôté de ma scène l'horreur de sa catastrophe, où le

---

1. L'*Examen* de *Nicomède*, composé en 1660 et joint depuis à toutes les éditions de la pièce, reproduit en partie la *préface* qu'on vient de lire (*Au lecteur*). Mais il y a néanmoins des différences entre les deux textes, et nous avons cru devoir reproduire intégralement l'un et l'autre.

fils fait assassiner son père, qui lui en avoit voulu faire autant, et n'ai donné ni à Prusias ni à Nicomède aucun dessein de parricide. J'ai fait ce dernier amoureux de Laodice, reine d'Arménie, afin que l'union d'une couronne voisine à la sienne donnât plus d'ombrage aux Romains, et leur fît prendre plus de soin d'y mettre un obstacle de leur part. J'ai approché de cette histoire celle de la mort d'Annibal, qui arriva un peu auparavant chez ce même roi, et dont le nom n'est pas un petit ornement à mon ouvrage. J'en ai fait Nicomède disciple, pour lui prêter plus de valeur et plus de fierté contre les Romains; et prenant l'occasion de l'ambassade où Flaminius fut envoyé par eux vers ce roi, leur allié, pour demander qu'on remît entre leurs mains ce vieil ennemi de leur grandeur, je l'ai chargé d'une commission secrète de traverser ce mariage, qui leur devoit donner de la jalousie. J'ai fait que pour gagner l'esprit de la Reine, qui, suivant l'ordinaire des secondes femmes, avoit tout pouvoir sur celui de son vieux mari, il lui ramène un de ses fils, que mon auteur m'apprend avoir été nourris à Rome. Cela fait deux effets; car d'un côté, il obtient la perte d'Annibal par le moyen de cette mère ambitieuse; et de l'autre, il oppose à Nicomède un rival appuyé de toute la faveur des Romains, jaloux de sa gloire et de sa grandeur naissante.

Les assassins qui découvrirent à ce prince les sanglants desseins de son père m'ont donné jour à d'autres artifices pour le faire tomber dans les embûches que sa belle-mère lui avoit préparées; et pour la fin, je l'ai réduite en sorte que tous mes personnages y agissent avec générosité, et que les uns rendant ce qu'ils doivent à la vertu, et les autres demeurant dans la fermeté de leur devoir, laissent un exemple assez illustre, et une conclusion assez agréable.

La représentation n'en a point déplu, et ce ne sont pas les moindres vers qui soient partis de ma main. Mon principal but a été de peindre la politique des Romains au dehors, et comme ils agissoient impérieusement avec les rois leurs alliés; leurs maximes pour les empêcher de s'accroître, et les soins qu'ils prenoient de traverser leur grandeur quand elle commençoit à leur devenir suspecte à force de s'augmenter et de se rendre considérable par de nouvelles conquêtes. C'est le caractère que j'ai donné à leur république en la personne de son ambassadeur Flaminius, à qui j'oppose un prince intrépide, qui voit sa perte assurée sans s'ébranler, et qui brave l'orgueilleuse masse de leur puissance, lors même qu'il en est accablé. Ce héros de ma façon sort un peu des règles de la tragédie, en ce qu'il ne cherche point à faire pitié par l'excès de ses infortunes; mais le succès a montré que la fermeté des grands cœurs, qui n'excite que de l'admiration dans l'âme du spectateur, est quelquefois aussi agréable que la compassion que notre art nous ordonne d'y produire par la représentation de leurs malheurs. Il en fait naître toutefois quelqu'une, mais elle ne va pas jusques à tirer des larmes. Son effet se borne à mettre les auditeurs dans les intérêts de ce prince, et à leur faire former des souhaits pour ses prospérités.

Dans l'admiration qu'on a pour sa vertu, je trouve une manière de purger les passions dont n'a point parlé Aristote, et qui est peut-être plus sûre que celle qu'il prescrit à la tragédie par le moyen de la pitié et de la crainte. L'amour qu'elle nous donne pour cette vertu que nous admirons, nous imprime de la haine pour le vice contraire. La grandeur de courage de Nicomède nous laisse une aversion de la pusillanimité; et la généreuse reconnoissance d'Héraclius, qui expose sa vie pour Martian [1], à qui il est redevable de la sienne, nous jette dans l'horreur de l'ingratitude.

Je ne veux point dissimuler que cette pièce est une de celles pour qui j'ai le plus d'amitié. Aussi n'y remarquerai-je que ce défaut de la fin, qui va trop vite, comme je l'ai dit ailleurs [2], et où l'on peut même trouver quelque inégalité de mœurs en Prusias et Flaminius, qui après avoir pris la fuite sur la mer, s'avisent tout d'un coup de rappeler leur courage, et viennent se ranger auprès de la reine Arsinoé, pour mourir avec elle en la défendant. Flaminius y demeure en assez méchante posture, voyant réunir toute la famille royale, malgré les soins qu'il avoit pris de la diviser, et les instructions qu'il en avoit apportées de Rome. Il s'y voit enlever par Nicomède les affections de cette reine et du prince Attale, qu'il avoit choisis pour instruments à traverser sa grandeur, et semble n'être revenu que pour être témoin du triomphe qu'il remporte sur lui. D'abord j'avois fini la pièce sans les faire revenir, et m'étois contenté de faire témoigner par Nicomède à sa belle-mère grand déplaisir de ce que la fuite du Roi ne lui permettoit pas de lui rendre ses obéissances.

1. Dans la tragédie d'*Héraclius* (1647).

2. Dans le *Discours des trois unités* : « Le cinquième acte, par un privilège particulier, a quelque droit de presser un peu le temps, en sorte que la part de l'action qu'il représente en tienne davantage qu'il n'en faut pour sa représentation. La raison en est que le spectateur est alors dans l'impatience de voir la fin, et que quand elle dépend d'acteurs qui sont sortis du théâtre, tout l'entretien qu'on donne à ceux qui y demeurent en attendant de leurs nouvelles, ne fait que languir et semble demeurer sans action... Prusias et Flaminius, dans le cinquième acte de *Nicomède*, n'ont pas tout le loisir dont ils auroient besoin pour se rejoindre sur la mer, consulter ensemble et revenir à la défense de la Reine. »

Cela ne démentoit point l'effet historique, puisqu'il lais-
soit sa mort en incertitude; mais le goût des spectateurs, que nous avons accoutumés à voir rassembler tous
nos personnages à la conclusion de cette sorte de poèmes,
fut cause de ce changement, où je me résolus pour leur
donner plus de satisfaction, bien qu'avec moins de régularité.

PERSONNAGES

PRUSIAS, roi de Bithynie [1].

FLAMINIUS, ambassadeur de Rome.

ARSINOÉ, seconde femme de Prusias.

LAODICE, reine d'Arménie.

NICOMÈDE, fils aîné de Prusias, sorti du premier lit.

ATTALE, fils de Prusias et d'Arsinoé.

ARASPE, capitaine des gardes de Prusias.

CLÉONE, confidente d'Arsinoé.

La scène est à Nicomédie [2].

1. Ce Prusias est Prusias II, dit le Chasseur, roi de Bithynie de 192 à 149 avant J.-C. (Ces dates sont approximatives.) Il fut tué par son fils Nicomède II, surnommé par dérision Philopator, qui lui succéda de 149 à 90 avant J.-C. Les historiens ne nomment ni les femmes ni les autres enfants de Prusias ; ainsi Arsinoé, Attale sont des noms imaginaires, ainsi que Laodice, Araspe et Cléone. Mais Justin dit en effet que les fils d'une seconde femme de Prusias avaient été élevés à Rome. Sur Titus Quinctius Flamininus et non Flaminius, voyez ci-dessus, p. 37. L'action se passe peu après la mort d'Annibal (voyez le vers 252) et par conséquent peu après 183 avant Jésus-Christ.

2. Capitale de la Bithynie, fondée par Nicomède I en 264 avant J.-C. Annibal y mourut (183 ap. J.-C.). L'historien Arrien y naquit (90 ap. J.-C.). Dioclétien et Constantin y résidèrent.

NICOMÈDE

TRAGÉDIE

ACTE I

SCÈNE PREMIÈRE

NICOMÈDE, LAODICE

LAODICE

Après tant de hauts faits, il m'est bien doux, Seigneur [1],
De voir encor mes yeux régner sur votre cœur;

1. Corneille ne put jamais se satisfaire sur ces premiers vers, qu'il refit plusieurs fois, sans réussir à les rendre tout à fait clairs. Ici même les « hauts faits » sont ceux de Nicomède, non pas ceux de Laodice, comme la tournure employée pourrait le laisser croire.

Var. Seigneur, je vous l'avoue, il doit m'être bien doux
De voir que, tout vainqueur, je règne encor sur vous.
(1651-1656.)

L'édit. de 1652 (chez de Luynes) refait ainsi le second vers :

Qu'après de tels exploits je règne encor sur vous.

L'édit. de 1652 (chez de Sercy) donne une autre leçon :

De voir qu'étant vainqueur, je règne encor sur vous.

Le premier vers est ainsi modifié dans les éditions de 1660 et 1663 :

Il doit m'être bien doux, je l'avoûrai, Seigneur.

De voir, sous les lauriers qui vous couvrent la tête,
Un si grand conquérant être encor ma conquête [1],
Et de toute la gloire acquise à ses travaux   5
Faire un il ustre hommage [2] à ce peu que je vaux.
Quelques biens toutefois que le ciel me renvoie [3],
Mon cœur épouvanté se refuse à la joie :
Je vous vois à regret, tant mon cœur amoureux [4]
Trouve la cour pour vous un séjour dangereux.   10
Votre marâtre y règne, et le Roi votre père
Ne voit que par ses yeux, seule la considère,
Pour souveraine loi n'a que sa volonté :
Jugez après cela de votre sûreté.
La haine que pour vous elle a si naturelle [5]   15
A mon occasion encor se renouvelle.
Votre frère son fils, depuis peu de retour....

1. Racine a imité cette antithèse :

> Mener en conquérant sa nouvelle conquête.
>> (*Andromaque*, v. 1434.)

2. Voltaire dit à propos de ce vers : « L'épithète d'*illustre* gâte presque tous les vers où elle entre, parce qu'elle ne sert qu'à remplir le vers, qu'elle est vague, qu'elle n'ajoute rien au sens. » Pourquoi le même Voltaire commence-t-il sa tragédie de *Tancrède* par cette épithète proscrite :

> Illustres chevaliers, vengeurs de la Sicile...?

3. *Me renvoie*, c'est-à-dire m'envoie de nouveau après ne m'avoir envoyé longtemps que des maux.

4 Selon Voltaire, c'est aux bergères qu'il convient de dire qu'elles aiment; cela ne sied point aux princesses. Pourquoi ne sied-il pas à un personnage dramatique, si grand qu'il soit, de parler comme il pense et comme il sent?

5 La haine si naturelle qu'elle a pour vous. Inversion fréquente au xviie siècle et plus encore au xvie siècle et au moyen âge. Corneille dit dans ses *Hymnes* (édit. Marty-Laveaux, tome IX, p. 549) en parlant de saint Pierre et de saint Paul :

> L'un meurt la tête en bas, et l'autre l'a coupée.

La Bruyère dit, et on dit encore ; L'esprit qu'il avait sublime....

NICOMÈDE

Je le sais, ma princesse, et qu'il vous fait la cour [1] ;
Je sais que les Romains, qui l'avoient en otage,
L'ont enfin renvoyé pour un plus digne ouvrage ;   20
Que ce don à sa mère étoit le prix fatal
Dont leur Flaminius [2] marchandoit Annibal ;
Que le Roi par son ordre eût livré ce grand homme,
S'il n'eût par le poison lui-même évité Rome,
Et rompu [3] par sa mort les spectacles pompeux   25
Où [4] l'effroi de son nom le destinoit chez eux.
Par mon dernier combat je voyois réunie
La Cappadoce entière [5] avec la Bithynie,
Lorsqu'à cette nouvelle, enflammé de courroux
D'avoir perdu mon maître et de craindre pour vous, 30
J'ai laissé mon armée aux mains de Théagène [6],
Pour voler en ces lieux au secours de ma reine [7].
Vous en aviez besoin, Madame, et je le voi [8],

1. Ce langage de la galanterie courante était encore admis dans la tragédie. Le même verbe reçoit ici deux compléments construits différemment ; tournure excellente que les grammairiens modernes ont blâmée à tort.

2. Voy. Notice sur *Nicomède,* p. 37.

3. *Rompre* au sens de *prévenir* est cent fois dans Corneille, et très fréquent au xviie siècle. Molière dit dans l'*École des femmes* (acte III, sc. IV) : « Cet homme me rompt tout ».

4. *Où,* c'est-à-dire *auxquels.* L'adverbe *où* s'emploie très fréquemment au xviie siècle pour une préposition suivie d'un pronom relatif (*auquel, auprès duquel, chez lequel, dans lequel, sur lequel, vers lequel,* etc.).

Je descends dans la tombe où tu m'as condamnée.
(Cinna, v. 1045.)

c'est-à-dire à laquelle tu m'as condamnée.

5. Nicomède conquit en effet la Cappadoce, mais seulement après la mort de Prusias.

6. Personnage imaginaire.

7. Laodice est reine d'Arménie, et Nicomède n'est pas son sujet ; ce n'est donc ici qu'une appellation galante. Voyez ci-dessus, note 1.

8. *Je le voi.* Au moyen âge la première personne du présent de l'indicatif ne recevait pas l's finale (conformément à l'étymologie latine ;

Puisque Flaminius obsède encor le Roi,
Si de son arrivée Annibal fut la cause,   35
Lui mort, ce long séjour prétend [1] quelque autre chose;
Et je ne vois que vous qui le puisse arrêter [2],
Pour aider à mon frère [3] à vous persécuter.

LAODICE

Je ne veux point douter que sa vertu romaine
N'embrasse avec chaleur l'intérêt de la Reine :   40
Annibal, qu'elle vient de lui sacrifier,
L'engage en sa querelle, et m'en fait défier [4].
Mais, Seigneur, jusqu'ici j'aurois tort de m'en plaindre;
Et quoi qu'il entreprenne, avez-vous lieu de craindre?
Ma gloire et mon amour peuvent bien peu sur moi,   45
S'il faut votre présence à [5] soutenir ma foi,

---

video, je voi; *credo, je croi*, etc.). Plus tard cette *s* s'introduisit à la première personne, par analogie avec la seconde; mais les poètes gardèrent le droit d'écrire, au besoin, *je voi, je croi*, pour la rime.

1. *Prétendre* est souvent verbe actif au xviie siècle, au sens de *réclamer, aspirer à*. Le lion dit, dans La Fontaine :

> Comme le plus vaillant je prétends la troisième.

2. La syntaxe régulière exige *qui le puissiez*. Mais ici ce n'est pas par son action directe et personnelle que Laodice arrêtera Flaminius; mais c'est à cause d'elle qu'il se trouve arrêté. La tournure signifie : je ne vois d'autre objet que vous qui le puisse arrêter. Au reste, la règle était loin d'être observée rigoureusement au xviie siècle. Racine lui-même écrit dans *Britannicus*.

> Il ne voit dans son sort que moi qui *s'*intéresse.

3. Tour blâmé à tort par Voltaire. De tout temps, *aider* fut neutre et actif, et l'on put dire : *aider quelqu'un, aider à quelqu'un, aidez-lui, aidez-le.*

4. Engage Flaminius en la querelle d'Arsinoé et me fait me défier de lui. *Défier* pour *me défier* Après *faire, laisser, voir*, etc., le xviie siècle supprime souvent le pronom réfléchi devant le verbe pronominal employé à l'infinitif. Malherbe écrit : « Un nourricier prend plaisir de voir bien porter son nourrisson ». — *En* (adverbe employé comme pronom relatif) se rapporte fort bien, au xviie siècle, à un nom de personne; ce qu'interdit l'usage actuel, qui emploie, en parlant des personnes, l'adjectif possessif ou le pronom personnel (*me fait me défier de lui*).

5. *A* dans Corneille et en général au xviie siècle se rencontre dans

Et si je puis tomber en cette frénésie [1]
De préférer Attale au vainqueur de l'Asie :
Attale, qu'en otage ont nourri les Romains,
Ou plutôt qu'en esclave ont façonné leurs mains,   50
Sans lui rien mettre au cœur qu'une crainte servile
Qui tremble à voir un aigle, et respecte un édile !

NICOMÈDE

Plutôt, plutôt la mort, que mon esprit jaloux
Forme des sentiments si peu dignes de vous.
Je crains la violence, et non votre foiblesse ;   55
Et si Rome une fois contre nous s'intéresse [2]...

LAODICE

Je suis reine, Seigneur ; et Rome a beau tonner,
Elle ni votre roi n'ont rien à m'ordonner :
Si de mes jeunes ans il est dépositaire,
C'est pour exécuter les ordres de mon père ;   60
Il [3] m'a donnée à vous, et nul autre que moi
N'a droit de l'en dédire [4], et me choisir [5] un roi.
Par son ordre et le mien, la reine d'Arménie

---

un grand nombre de tournures où il supplée d'autres prépositions (spécialement *avec, dans, de, devant, en, envers, par, pour, vers, selon, sous, sur,* etc.). Ici il représente *pour.*

1. *Frénésie,* comme souvent *fureur,* ne signifie ici que *folie.* Boileau a employé le même mot pour désigner la manie de faire des vers :

> Oui, depuis le moment que cette frénésie
> De ses noires vapeurs troubla ma fantaisie....
>
> (*Sat.,* II.)

2. *S'intéresse,* c'est-à-dire *intervient* : sens étymologique.

3. *Il* désigne ici le père de Laodice, non Prusias.

4. *L'en dédire,* c'est-à-dire *le désavouer là-dessus, le démentir.* « Le chevalier ne m'en dédira pas. » (Mme de Sévigné.)

5. *Me choisir. De* exprimé devant le premier infinitif complément est supprimé devant le second : ellipse très fréquente au XVIIe siècle.

> C'est assez de constance en un si grand danger
> Que de le voir, l'attendre et ne point s'affliger.
>
> (*Horace,* v. 126.)

Est due à l'héritier du roi de Bithynie,
Et ne prendra jamais un cœur assez abjet [1]   65
Pour se laisser réduire à l'hymen d'un sujet.
Mettez-vous en repos.

NICOMÈDE

                Et le puis-je, Madame,
Vous voyant exposée aux fureurs d'une femme,
Qui pouvant tout ici, se croira tout permis
Pour se mettre en état de voir régner son fils [2]?   70
Il n'est rien de si saint qu'elle ne fasse enfreindre.
Qui livroit Annibal pourra bien vous contraindre,
Et saura vous garder même fidélité [3]
Qu'elle a gardée aux droits de l'hospitalité.

LAODICE

Mais ceux de la nature ont-ils un privilège   75
Qui vous assure d'elle après ce sacrilège?
Seigneur, votre retour, loin de rompre ses coups [4],
Vous expose vous-même, et m'expose après vous.
Comme il est fait sans ordre, il passera pour crime;
Et vous serez bientôt la première victime   80
Que la mère et le fils, ne pouvant m'ébranler,

---

1. *Abjet.* Telle est l'orthographe constante de Corneille; elle était conforme à la prononciation; nous la maintenons ici pour sauvegarder la rime. En 1694, l'Académie, dans son Dictionnaire, écrivit *abject*, ce qui amena à prononcer d'abord *abjec*, puis *abject*; déjà quelques-uns prononcent *abjecte* au masculin. On a continué à dire *sujet*, qui vient de *subjectus*, tout comme *abjet* d'*abjectus*.

2. VAR.   Au moindre jour ouvert de voir régner son fils.
                               (1651-1656.)

3. VAR.   Et n'aura pas pour vous plus de fidélité
                 Que de respect aux droits de l'hospitalité.
                               (1651-1656.)

Aujourd'hui l'on diroit *la même fidélité*; mais l'ellipse de *la* n'est ici ni obscure ni incorrecte.

4. Voy. note sur le vers 25. *Rompre les coups* est surtout fréquent dans Corneille.

Pour m'ôter mon appui se voudront immoler[1].
Si j'ai besoin de vous de peur qu'on me contraigne[2],
J'ai besoin que le Roi, qu'elle-même vous craigne.
Retournez à l'armée, et pour me protéger   85
Montrez cent mille bras tous prêts à me venger.
Parlez la force en main, et hors de leur atteinte :
S'ils vous tiennent ici, tout est pour eux sans crainte ;
Et ne vous flattez point ni sur votre grand cœur,
Ni sur l'éclat d'un nom cent et cent fois vainqueur ;   90
Quelque haute valeur que puisse être la vôtre,
Vous n'avez en ces lieux que deux bras comme un autre ;
Et fussiez-vous du monde et l'amour et l'effroi,
Quiconque entre au palais porte sa tête au Roi.
Je vous le dis encor, retournez à l'armée ;   95
Ne montrez à la cour que votre renommée ;
Assurez votre sort pour assurer le mien ;
Faites que l'on vous craigne, et je ne craindrai rien.

NICOMÈDE

Retourner à l'armée ! ah ! sachez que la Reine
La sème d'assassins achetés par sa haine.   100
Deux s'y sont découverts, que j'amène avec moi
Afin de la convaincre et détromper[3] le Roi.
Quoiqu'il soit son époux, il est encor mon père ;
Et quand il forcera la nature à se taire,
Trois sceptres à son trône attachés par mon bras   105

---

1. *Se voudront immoler*, c'est-à-dire voudront s'immoler à eux-mêmes.
La tendance de la syntaxe au XVIIᵉ siècle est d'éloigner le pronom personnel complément de l'infinitif qui le régit :

> C'est peu d'aller au ciel ; je *vous* y veux *conduire*.
> (*Polyeucte*, v. 1284.)

2. Après *de peur que* la grammaire exige *ne* dans la phrase subordonnée ; mais les poètes ont souvent supprimé la négation, même de nos jours : « Les pieds nus, de peur qu'on m'entendît marcher », etc. (Lamartine, *Jocelyn*.)

3. Sur l'ellipse de la préposition *de* devant le second infinitif complément, voyez ci-dessus note du vers 62.

Parleront au lieu d'elle, et ne se tairont pas[1].
Que si notre fortune à ma perte animée
La prépare[2] à la cour aussi bien qu'à l'armée,
Dans ce péril égal qui me suit en tous lieux
M'envierez-vous l'honneur de mourir à vos yeux?   110

LAODICE

Non, je ne vous dis plus désormais que je tremble,
Mais que, s'il faut périr, nous périrons ensemble[3].
    Armons-nous de courage, et nous ferons trembler
Ceux dont les lâchetés pensent nous accabler.
Le peuple ici vous aime, et hait ces cœurs infâmes; 115
Et c'est être bien fort que régner sur tant d'âmes.
Mais votre frère Attale adresse ici ses pas[4].

NICOMÈDE

Il ne m'a jamais vu : ne me découvrez pas[5].

---

1. Voltaire écrit à propos de ces vers : « Puisque les sceptres parleront, il est clair qu'ils ne se tairont pas. Ces sortes de pléonasmes sont les plus vicieux; ils retombent quelquefois dans ce qu'on appelle le style niais : *Hélas! s'il n'était pas mort, il serait encore en vie.* » Cette note est inconvenante, comme une grande partie du *Commentaire* de Voltaire sur Corneille; elle est en outre mal fondée. Voltaire n'a pas vu ou il n'a pas voulu voir que le vers 104 (*Et quand il forcera la nature à se taire*) amène et justifie parfaitement le second hémistiche du vers 106. C'est une antithèse énergique, non pas un pléonasme, encore moins une *niaiserie*.

2. *La prépare*, c'est-à-dire prépare ma perte.

3. Admirable reprise qui conclut cette exposition d'une façon bien éloquente.

4. Latinisme (*dirigere gressus*) qui semble aujourd'hui un peu pompeux; mais on trouve la même expression dans Rotrou (*Saint-Genest*), dans Bossuet (*Sermons*), dans Voltaire (*Orphelin de la Chine*).

5. Nicomède se retire alors au fond du théâtre, de façon à n'être pas vu d'abord par Attale.

SCÈNE II

LAODICE, NICOMÈDE, ATTALE

ATTALE

Quoi? Madame, toujours un front inexorable?
Ne pourrai-je surprendre un regard favorable,   120
Un regard désarmé de toutes ces rigueurs[1],
Et tel qu'il est enfin quand il gagne les cœurs?

LAODICE

Si ce front est mal propre[2] à m'acquérir le vôtre[3],
Quand j'en aurai dessein, j'en saurai prendre un autre.

ATTALE

Vous ne l'acquerrez point, puisqu'il est tout à vous. 125

LAODICE

Je n'ai donc pas besoin d'un visage plus doux.

ATTALE

Conservez-le, de grâce, après l'avoir su prendre.

LAODICE

C'est un bien mal acquis que j'aime mieux vous rendre.

ATTALE

Vous l'estimez trop peu pour le vouloir garder.

LAODICE

Je vous estime trop pour vouloir rien farder.   130

1. VAR.   Un regard désarmé de tant d'âpres rigueurs.
                                        (1651-1656.)

2. C'est-à-dire : ne convient pas. Ce tour a vieilli à cause de la confusion avec *malpropre* au sens de sale; il était très usité au XVIIe siècle.

             Monsieur, je suis mal propre à décider la chose.
                              (Molière, *Misanthrope*, v.)

3. *Le vôtre*, c'est-à-dire votre cœur.

Votre rang et le mien ne sauroient le permettre :
Pour garder votre cœur je n'ai pas où le mettre ;
La place est occupée, et je vous l'ai tant dit,
Prince, que ce discours vous dût[1] être interdit :
On le souffre d'abord, mais la suite importune.   135

ATTALE

Que[2] celui qui l'occupe a de bonne fortune !
Et que seroit heureux qui pourroit aujourd'hui
Disputer cette place et l'emporter sur lui !

NICOMÈDE

La place à l'emporter coûteroit bien des têtes,
Seigneur : ce conquérant garde bien ses conquêtes,   140
Et l'on ignore encor parmi ses ennemis
L'art de reprendre un fort qu'une fois il a pris.

ATTALE

Celui-ci toutefois peut s'attaquer de sorte
Que, tout vaillant qu'il est, il faudra qu'il en sorte[3].

LAODICE

Vous pourriez vous méprendre.

ATTALE

                        Et si le Roi le veut ?   145

LAODICE

Le Roi, juste et prudent, ne veut que ce qu'il peut.

---

1. Aujourd'hui : vous *devrait*. L'imparfait du subjonctif a longtemps
servi comme d'une seconde forme de conditionnel. C'était un latinisme.
Il a encore parfois cet emploi. *Dussé-je* mourir, *fallût-il* mourir, c'est-
à-dire quand je devrais, quand il faudrait mourir.

2. *Que*, ici et au vers suivant, a le sens de *combien*. Combien de bonne
fortune ! et combien serait heureux !

3. Cette conversation galante et maniérée, un peu lourdement spirituelle, choque aujourd'hui notre goût ; elle charmait les contemporains
de Corneille ; ils la trouvaient peut-être naturelle, et, dans un sens, elle
l'était, parce que les beaux esprits du temps s'exprimaient à peu près
ainsi, du moins dans les conversations un peu étudiées.

ATTALE

Et que ne peut ici la grandeur souveraine[1]?

LAODICE

Ne parlez pas si haut : s'il est roi, je suis reine ;
Et vers[2] moi tout l'effort de son autorité
N'agit que par prière et par civilité.   150

ATTALE

Non ; mais agir ainsi souvent c'est beaucoup dire
Aux reines comme vous qu'on voit dans son empire[3] ;
Et si ce n'est assez des prières d'un roi,
Rome qui m'a nourri vous parlera pour moi.

NICOMÈDE

Rome ! Seigneur.

ATTALE

Oui, Rome ; en êtes-vous en doute ? 155

NICOMÈDE

Seigneur, je crains pour vous qu'un Romain vous écoute[4] ;
Et si Rome savoit de quels feux vous brûlez,
Bien loin de vous prêter l'appui dont vous parlez,
Elle s'indigneroit de voir sa créature
A l'éclat de son nom faire une telle injure,   160
Et vous dégraderoit peut-être dès demain
Du titre glorieux de citoyen romain.
Vous l'a-t-elle donné pour mériter sa haine,

1. On a blâmé l'indiscrétion d'Attale, qui explique ainsi ses desseins à un inconnu, mais Attale est jeune, emporté, suffisant ; c'est un enfant gâté qu'on met hors de lui en le contredisant.

2. *Vers*, au sens où nous disons *envers*, est très fréquent au xviie siècle. Pascal (*Lettre sur la mort de M. Pascal le père*) parle de l'*action de Dieu vers la créature.*

3. VAR.   Aux reines comme vous qu'on voit sous son empire.
                                                        (1651-1656.)

4. Sur la suppression de *ne* dans la préposition régie par *je crains*, voy. ci-dessus note sur le vers 83.

En le déshonorant par l'amour d'une reine,
Et ne savez-vous plus qu'il n'est princes ni rois   165
Qu'elle daigne égaler à ses moindres bourgeois[1]?
Pour avoir tant vécu[2] chez ces cœurs magnanimes,
Vous en avez bientôt oublié les maximes.
Reprenez un orgueil digne d'elle et de vous;
Remplissez mieux un nom[3] sous qui nous tremblons tous,
Et sans plus l'abaisser à cette ignominie
D'idolâtrer en vain la reine d'Arménie,
Songez qu'il faut du moins, pour toucher votre cœur,
La fille d'un tribun ou celle d'un préteur;
Que Rome vous permet cette haute alliance[4],   175
Dont vous auroit exclu le défaut de naissance,
Si l'honneur souverain de son adoption
Ne vous autorisoit à tant d'ambition.
Forcez, rompez, brisez de si honteuses chaînes;
Aux rois qu'elle méprise abandonnez les reines;   180
Et concevez enfin des vœux plus élevés,
Pour mériter les biens qui vous sont réservés.

ATTALE

Si cet homme est à vous, imposez-lui silence,

1. *Bourgeois*, c'est-à-dire *citoyen*. Le couplet de Nicomède est tout entier ironique, mais le mot de *bourgeois* ne l'est pas, comme le croit Voltaire. Le *bourgeois* était, au moyen âge et au xviie siècle, celui qui jouissait dans sa ville de tous les droits civils; on disait les *bourgeois de Rome*, et le *droit de bourgeoisie romaine*, pour les citoyens romains, le droit de cité romaine.

2. Non : *parce que vous avez*, mais : *quoique vous ayez*.
> Pour grands que soient les rois, ils sont ce que nous sommes
> Et peuvent se tromper comme les autres hommes.
>
> (Le Cid.)

3. *Remplir un nom*, au sens de satisfaire à tout ce que ce nom exige, est fréquent dans Corneille; il dit de même : *remplir la dignité royale*, dans *Sertorius* (vers 541), et *remplir sa naissance*, dans *Pertharite* (vers 12).

4. Var.   Que c'est à ces partis que Rome vous destine,
         Mais dont vous excluroit enfin votre origine.
(1651-1656.)

Madame, et retenez une telle insolence.
Pour voir jusqu'à quel point elle pourroit aller,   185
J'ai forcé ma colère à le laisser parler ;
Mais je crains qu'elle échappe[1], et que s'il continue,
Je ne m'obstine plus à tant de retenue.

NICOMÈDE

Seigneur, si j'ai raison, qu'importe à qui je sois ?
Perd-elle[2] de son prix pour emprunter ma voix ?   190
Vous-même, amour à part, je vous en fais arbitre.
    Ce grand nom de Romain est un précieux titre ;
Et la Reine et le Roi l'ont assez acheté
Pour ne se plaire pas à le voir rejeté,
Puisqu'ils se sont privés, pour ce nom d'importance, 195
Des charmantes douceurs d'élever votre enfance.
Dès l'âge de quatre ans ils vous ont éloigné ;
Jugez si c'est pour voir ce titre dédaigné,
Pour vous voir renoncer, par l'hymen d'une reine,
A la part qu'ils avoient à la grandeur romaine.   200
D'un si rare trésor l'un et l'autre jaloux....

ATTALE

Madame, encore un coup[3], cet homme est-il à vous ?

---

1. Sur la suppression de *ne*, voy. ci-dessus note sur le vers 83.

2. La raison perd-elle de son prix ? Aujourd'hui la grammaire nous interdit de rapporter un pronom personnel à un substantif employé d'une façon indéterminée. Le xvii° siècle ignorait cette règle :

> Tu me quittes, ingrat, et le fais avec *joie ;*
> Tu ne *la* caches pas, tu veux que je *la* voie.
>
>   (*Polyeucte.*)

3. *Encore un coup* est devenu familier ; au xvii° siècle il se trouve chez Corneille, chez Bossuet, et même chez Racine :

> Mettons encore un coup toute la Grèce en flamme.
>   (*Andromaque*, v. 1158.)
> Madame, encore un coup, c'est à vous de choisir.
>   (*Bajazet*, v. 564.)
> Encore un coup, vivez, et revenez à vous.
>   (*Esther*, v. 644.)

Et pour vous divertir est-il si nécessaire
Que vous ne lui puissiez ordonner de se taire[1] ?

LAODICE

Puisqu'il vous a déplu vous traitant de Romain,   205
Je veux bien vous traiter de fils de souverain.
    En cette qualité vous devez reconnoître
Qu'un prince votre aîné doit être votre maître[2],
Craindre de lui déplaire, et savoir que le sang
Ne vous empêche pas de différer de rang,   210
Lui garder le respect qu'exige sa naissance,
Et loin de lui voler son bien en son absence...

ATTALE

Si l'honneur d'être à vous est maintenant son bien,
Dites un mot, Madame, et ce sera le mien ;
Et si l'âge à mon rang fait quelque préjudice,   215
Vous en corrigerez la fatale injustice.
Mais si je lui dois tant en fils de souverain,
Permettez qu'une fois je vous parle en Romain.
    Sachez qu'il n'en est point que le ciel n'ait fait naître
Pour commander aux rois, et pour vivre sans maître[3] ;
Sachez que mon amour est un noble projet
Pour éviter l'affront de me voir son sujet ;
Sachez....

LAODICE

    Je m'en doutois, Seigneur, que ma couronne
Vous charmoit bien du moins autant que ma personne ;
Mais telle que je suis, et ma couronne et moi,   225

1. Var.   Que sans vous offenser il ne se puisse taire ?
                                        (1651-1656.)

2. On prononçait *reconnouêtre*, comme *maître*; ainsi les deux mots rimaient ensemble. *Connoître* rime également dans Corneille avec *naître*, *traître*, *être*, *fenêtre*.

3. Ces deux vers sont déjà dans *Cinna*; et c'est Émilie qui les dit, plus à propos qu'Attale ; car un fils de roi, même nourri chez les Romains, peut-il penser, peut-il dire autant de mal des rois ?

Tout est à cet aîné qui sera votre roi ;
Et s'il étoit ici, peut-être en sa présence
Vous penseriez deux fois à lui faire une offense[1].

ATTALE

Que ne puis-je l'y voir ! mon courage[2] amoureux....

NICOMÈDE

Faites quelques souhaits qui soient moins dangereux,
Seigneur : s'il les savoit, il pourroit bien lui-même
Venir d'un tel amour venger l'objet qu'il aime.

ATTALE

Insolent ! est-ce enfin le respect qui m'est dû ?

NICOMÈDE

Je ne sais de nous deux, Seigneur, qui l'a perdu.

ATTALE

Peux-tu bien me connoître et tenir ce langage ?   235

NICOMÈDE

Je sais à qui je parle, et c'est mon avantage
Que n'étant point connu[3], Prince, vous ne savez
Si je vous dois respect, ou si vous m'en devez[4].

ATTALE

Ah ! Madame, souffrez que ma juste colère....

LAODICE

Consultez-en, Seigneur, la Reine votre mère ;   240
Elle entre.

---

1. C'est-à-dire : avant de la lui faire. On dit ainsi : pensez-y deux fois,
c'est-à-dire : *pensez à cela avant de le faire.*

2. *Courage* au XVIIᵉ siècle très souvent n'a d'autre sens que celui de
cœur, d'où ce mot dérive.

3. *Moi* est sous-entendu. (*Moi* n'étant point connu.) La grammaire
actuelle blâme cette ellipse très fréquente au XVIIᵉ siècle.

4. Sur cette tournure qui rapporte un pronom personnel à un substantif
employé indéfiniment, voy. ci-dessus note sur le vers 190.

SCÈNE III

NICOMÈDE, ARSINOÉ, LAODICE, ATTALE, CLÉONE

NICOMÈDE
Instruisez mieux le Prince votre fils,
Madame, et dites-lui, de grâce, qui je suis :
Faute de me connoître, il s'emporte, il s'égare ;
Et ce désordre est mal dans une âme si rare[1] :
J'en ai pitié.

ARSINOÉ
      Seigneur, vous êtes donc ici[2] ?   245

NICOMÈDE
Oui, Madame, j'y suis, et Métrobate[3] aussi.

ARSINOÉ
Métrobate ! ah ! le traître !

NICOMÈDE
         Il n'a rien dit, Madame,
Qui vous doive jeter aucun trouble dans l'âme.

ARSINOÉ
Mais qui cause, Seigneur, ce retour surprenant ?
Et votre armée ?

NICOMÈDE
         Elle est sous un bon lieutenant ;   250
Et quant à mon retour, peu de chose le presse.

---

1. Ici et dans tout le cours de la pièce Nicomède paraît un peu dur dans les railleries dont il poursuit Attale. Mais Nicomède n'est point parfait. C'est un héros par le courage et la présence d'esprit, non un héros de patience et de charité.

2. On verra plus loin que cette surprise est feinte.

3. C'est le nom du prétendu assassin que Nicomède croit soudoyé par Arsinoé.

J'avois ici laissé mon maître et ma maîtresse[1] :
Vous m'avez ôté l'un, vous, dis-je, ou les Romains ;
Et je viens sauver l'autre et d'eux et de vos mains.

ARSINOÉ

C'est ce qui vous amène?

NICOMÈDE

Oui, Madame ; et j'espère   255
Que vous m'y servirez auprès du Roi mon père.

ARSINOÉ

Je vous y servirai comme vous l'espérez.

NICOMÈDE

De votre bon vouloir nous sommes assurés.

ARSINOÉ

Il ne tiendra qu'au Roi qu'aux effets je ne passe[2].

NICOMÈDE

Vous voulez à tous deux nous faire cette grâce[3]?   260

ARSINOÉ

Tenez-vous assuré que je n'oublierai rien.

NICOMÈDE

Je connois votre cœur, ne doutez pas du mien.

ATTALE

Madame, c'est donc là le prince Nicomède?

NICOMÈDE

Oui, c'est moi qui viens voir s'il faut que je vous cède.

---

1. Jeu de mots un peu affecté. Le maître est Annibal ; la maîtresse est
Laodice que Nicomède aime et veut épouser ; cet emploi du mot *maîtresse*
a vieilli depuis le xviiᵉ siècle, et le mot ne s'emploie plus aujourd'hui
que d'une façon défavorable.

2. Le second *ne* est explétif ; car *ne... que* équivaut à *seulement*. Il
tiendra au roi seul que je passe aux effets.

3. VAR.   Nous allons donc penser à vous en rendre grâce.
                              (1651-1656.)

ATTALE

Ah! Seigneur, excusez si vous connoissant mal....   265

NICOMÈDE

Prince, faites-moi voir un plus digne rival.
Si vous aviez dessein d'attaquer cette place,
Ne vous départez point d'une si noble audace ;
Mais comme à son secours je n'amène que moi,
Ne la menacez plus de Rome ni du Roi :   270
Je la défendrai seul, attaquez-la de même,
Avec tous les respects qu'on doit au diadème.
Je veux bien mettre à part, avec le nom d'aîné,
Le rang de votre maitre où je suis destiné [1] ;
Et nous verrons ainsi qui fait mieux un brave homme,
Des leçons d'Annibal, ou de celles de Rome.
Adieu : pensez-y bien, je vous laisse y rêver.

SCÈNE IV

ARSINOÉ, ATTALE, CLÉONE

ARSINOÉ

Quoi? tu faisois excuse [2] à qui m'osoit braver !

ATTALE

Que ne peut point, Madame, une telle surprise?
Ce prompt retour me perd, et rompt votre entreprise.

---

1. *Où* équivaut à *auquel*. Voy. ci-dessus note sur le vers 26.

2. Corneille supprime fréquemment l'article dans ces locutions toutes faites : *je n'ai point perdu temps* (*Cinna*, vers 213). *J'ai passion pour elle* (*Nicomède*, vers 1311). Comparez plus haut le vers 73. Au reste *faire excuse à quelqu'un*, pour lui présenter des excuses, est très fréquent chez tous les écrivains du XVII° siècle. Mais la locution populaire : « Faites excuse », est vicieuse, parce qu'on lui donne le sens de : « Pardonnez-moi », qu'elle ne peut avoir; car si elle a un sens, c'est : « Excusez-vous ».

ARSINOÉ

Tu l'entends mal, Attale : il la met dans ma main.
Va trouver de ma part l'ambassadeur romain ;
Dedans mon cabinet [1] amène-le sans suite,
Et de ton heureux sort laisse-moi la conduite.

ATTALE

Mais, Madame, s'il faut....

ARSINOÉ

                    Va, n'appréhende rien [2],   285
Et pour avancer tout, hâte cet entretien.

SCÈNE V

ARSINOÉ, CLÉONE

CLÉONE

Vous lui cachez, Madame, un dessein qui le touche !

ARSINOÉ

Je crains qu'en l'apprenant son cœur ne s'effarouche ;
Je crains qu'à la vertu par les Romains instruit
De ce que je prépare il ne m'ôte le fruit,   290
Et ne conçoive mal qu'il n'est fourbe ni crime [3]

1. Jusqu'au milieu du XVIIᵉ siècle on employait comme prépositions les adverbes *dedans, dessus, dessous, dehors;* Vaugelas le premier fit une règle de les distinguer de *dans, sur, sous, hors.* Corneille corrigea plusieurs vers où il avait suivi l'usage de son temps; puis, dégoûté de ce travail fastidieux, il laissa les autres.

2. Var.   .... Point de mais ni de si ;
                    Va, tu ne sauras rien que tout n'ait réussi.
                                        (1651-1656.)

Tout en faisant une part à la comédie dans *Nicomède*, Corneille jugea ces vers trop familiers et les corrigea.

3. C'est une tradition dans la tragédie classique de prêter aux mé-

Qu'un trône acquis par là ne rende légitime.

CLÉONE

J'aurois cru les Romains un peu moins scrupuleux,
Et la mort d'Annibal m'eût fait mal juger d'eux.

ARSINOÉ

Ne leur impute pas une telle injustice :   295
Un Romain seul l'a faite, et par mon artifice.
Rome l'eût laissé vivre, et sa légalité
N'eût point forcé les lois de l'hospitalité.
Savante à ses dépens de ce qu'il savoit faire [1],
Elle le souffroit mal auprès d'un adversaire ;   300
Mais quoique, par ce triste et prudent souvenir,
De chez Antiochus elle l'ait fait bannir,
Elle auroit vu couler sans crainte et sans envie
Chez un prince allié les restes de sa vie :
Le seul Flaminius [2], trop piqué de l'affront   305
Que son père défait lui laisse sur le front ;
Car je crois que tu sais que quand l'aigle romaine
Vit choir ses légions aux bords de Trasimène,
Flaminius son père en étoit général,
Et qu'il y tomba mort de la main d'Annibal [3].   310

chants et aux traîtres une noirceur emphatique, une complaisance audacieuse pour leur propre scélératesse. En outre, la tragédie aime à étaler
cette doctrine machiavélique et césarienne : que le succès absout le
crime. Livie l'énonce tout au long dans la tragédie de *Cinna* (vers 1606).

1. *Savant de*, qualifié de *barbarisme* par Voltaire, est un latinisme que
Corneille a plusieurs fois employé avant lui, on le trouve dans l'*Astrée*,
dans Racan. Puisqu'on dit *ignorant de...*, pourquoi ne dirait-on pas
aussi bien *savant de...*? Ce sont deux formes participiales de deux verbes
actifs employés tout à fait de la même façon.

2. Sur ce personnage dont Corneille altère le nom et qu'il confond à
tort avec le vaincu de Trasimène, voy. ci-dessus Notice sur *Nicomède*,
p. 37. On remarquera le soin que prend ici Corneille de rendre les Romains
innocents de la mort d'Annibal; mais l'histoire, écrite par eux-mêmes
(voy. Tite-Live, livre XXXIX), ne leur rend pas un si bon témoignage; ils
poursuivirent Annibal de leur haine inassouvie jusqu'à le réduire au sui-
cide par la crainte qu'il eut de leur être livré.

3. L'histoire ne rapporte rien de semblable.

Ce fils donc, qu'a pressé la soif de sa vengeance,
S'est aisément rendu de mon intelligence[1] :
L'espoir d'en voir l'objet entre ses mains remis
A pratiqué par lui le retour de mon fils[2] ;
Par lui j'ai jeté Rome en haute jalousie[3]   315
De ce que[4] Nicomède a conquis dans l'Asie,
Et de voir Laodice unir tous ses Etats,
Par l'hymen de ce prince, à ceux de Prusias :
Si bien que le sénat prenant un juste ombrage
D'un empire si grand sous un si grand courage,   320
Il s'en est fait nommer lui-même ambassadeur[5],
Pour rompre cet hymen et borner sa grandeur[6].
Et voilà le seul point où Rome s'intéresse[7].

CLÉONE

Attale à ce dessein entreprend sa maîtresse[8] !
Mais que n'agissoit Rome[9] avant que le retour   325
De cet amant si cher affermît son amour !

ARSINOÉ

Irriter un vainqueur en tête d'une armée[10]

---

1. C'est-à-dire s'est rendu d'intelligence avec moi, s'est entendu avec moi.

2. Tour obscur : l'espoir de voir l'objet de sa vengeance (Annibal) remis entre ses mains a pratiqué, a ménagé, par lui (Flaminius), par son intermédiaire, le retour d'Attale.

3. Sur cette suppression du déterminatif (en *une* jalousie profonde), voy. ci-dessus vers 73 et 278.

4. *De ce que* équivaut non pas à *par ce que*, mais à : *des territoires que*.

5. *Il* se rapporte à Flaminius ; *en* au sénat.

6. *Sa grandeur*, la grandeur de Nicomède.

7. VAR.   Et voilà le scrupule où Rome s'intéresse.
                                        (1692.)

8. C'est-à-dire Attale, pour exécuter ce dessein, entreprend, essaye de conquérir la maîtresse de Nicomède.

9. *Que* au sens de *pourquoi*.

10. Nous disons *à la tête de* au figuré ; *en tête de* au propre en parlant

Prête à suivre en tous lieux sa colère allumée,
C'étoit trop hasarder; et j'ai cru pour le mieux
Qu'il falloit de son fort l'attirer en ces lieux.   330
Métrobate l'a fait, par des terreurs paniques [1],
Feignant de lui trahir mes ordres tyranniques,
Et pour l'assassiner se disant suborné,
Il l'a, grâces aux Dieux, doucement amené.
Il vient s'en plaindre au Roi, lui demander justice; 335
Et sa plainte le jette au bord du précipice.
Sans prendre aucun souci de m'en justifier [2],
Je saurai m'en servir à me fortifier.
Tantôt en le voyant j'ai fait de l'effrayée [3],
J'ai changé de couleur, je me suis écriée :   340
Il a cru me surprendre, et l'a cru bien en vain,
Puisque son retour même est l'œuvre de ma main.

CLÉONE

Mais quoi que Rome fasse et qu'Attale prétende,

de celui qui s'avance le premier. Cette distinction n'était pas connue au XVIIᵉ siècle. Plus loin la reine dit de Nicomède :

> S'il le voit (le peuple) à sa tête, il en fera son roi.
>
> (Vers 1638.)

1. Le mot ne convient guère quand on parle d'un homme tel que Nicomède, dont Arsinoé elle-même loue la bravoure, mais *panique* ici désigne seulement une crainte mal fondée dont l'objet est imaginaire. On ne voit pas bien, il est vrai, pourquoi Arsinoé se borne à feindre d'avoir voulu assassiner son beau-fils, au lieu de l'assassiner tout à fait. Lui reste-t-il quelque scrupule? Il est plus probable qu'elle a peur de lui.

2. *En* se rapporte à *sa plainte*, ici et dans le vers suivant.

3. *Faire du...* pour *simuler le*, fréquent au XVIIᵉ siècle.

> Et faisant des mourants et de l'âme saisie....
>
> (Régnier, *Sat.*, XIII.)
>
> J'ai fait du souverain et j'ai tranché du brave.
>
> (Rotrou, *Venceslas*.)
>
> Mais faire ici de la petite bouche....
>
> (La Fontaine.)

La Noue n'eût point fait du prophète.... (Bayle.) Voy. Littré, au mot FAIRE, nᵒ 39.

Le moyen qu'à ses yeux Laodice se rende[1]?

ARSINOÉ

Et je n'engage aussi mon fils en cet amour   345
Qu'à dessein d'éblouir le Roi, Rome et la cour.
  Je n'en veux pas, Cléone, au sceptre d'Arménie
Je cherche à m'assurer celui de Bithynie;
Et si ce diadème une fois est à nous,
Que cette reine après se choisisse un époux.   350
Je ne la vais presser que pour la voir rebelle,
Que pour aigrir[2] les cœurs de son amant et d'elle.
Le Roi, que le Romain poussera vivement,
De peur d'offenser Rome agira chaudement,
Et ce prince, piqué d'une juste colère,   355
S'emportera sans doute, et bravera son père.
S'il est prompt et bouillant, le Roi ne l'est pas moins;
Et comme à l'échauffer j'appliquerai mes soins,
Pour peu qu'à de tels coups cet amant soit sensible,
Mon entreprise est sûre, et sa perte infaillible.   360
  Voilà mon cœur ouvert, et tout ce qu'il prétend.
Mais dans mon cabinet Flaminius m'attend :
Allons, et garde bien le secret de la Reine[3].

CLÉONE

Vous me connoissez trop pour vous en mettre en peine.

1. Ce tour elliptique plaît à Corneille, qui ne veut pas que le style de la tragédie devienne guindé à force d'être noble.

> Mais l'apparence, ami, que vous puissiez lui plaire.
> (Cinna, vers 604.)

2. Au sens étymologique, *aigrir*, formé sur *aigre* (latin *acrem*), signifie exaspérer (*exacerbare*).

3. On allègue avec raison que la reine pouvait se dispenser de confier ce secret, car la confidente Cléone ne joue aucun rôle dans l'action; mais si Arsinoé n'eût parlé, comment saurions-nous ses desseins? Par un monologue? Il convient d'user rarement de cette forme d'exposition, qui par elle-même est froide et moins naturelle encore que le récit fait aux confidents.

FIN DU PREMIER ACTE

ACTE II

SCÈNE PREMIÈRE

PRUSIAS, ARASPE

PRUSIAS

Revenir sans mon ordre, et se montrer ici ! 365

ARASPE

Sire, vous auriez tort d'en prendre aucun souci,
Et la haute vertu du prince Nicomède
Pour ce qu'on peut en craindre est un puissant remède [1] ;
Mais tout autre que lui devroit être suspect :
Un retour si soudain manque un peu de respect, 370
Et donne lieu d'entrer en quelque défiance
Des secrètes raisons de tant d'impatience.

PRUSIAS

Je ne les vois que trop, et sa témérité
N'est qu'un pur attentat sur mon autorité :
Il n'en veut plus dépendre et croit que ses conquêtes 375
Au-dessus de son bras ne laissent point de têtes ;

---

1. *Remède pour* se dit communément ; mais *remède contre* est peut-être
plus logique.

Qu'il est lui seul sa règle, et que sans se trahir
Des héros tels que lui ne sauroient obéir [1].

ARASPE

C'est d'ordinaire ainsi que ses pareils agissent :
A suivre leur devoir leurs hauts faits se ternissent ;   380
Et ces grands cœurs, enflés du bruit de leurs combats [2],
Souverains dans l'armée et parmi leurs soldats,
Font du commandement une douce habitude,
Pour qui l'obéissance est un métier bien rude.

PRUSIAS

Dis tout, Araspe : dis que le nom de sujet   385
Réduit toute leur gloire en un rang trop abjet [3] ;
Que bien que leur naissance au trône les destine,
Si son ordre est trop lent [4], leur grand cœur s'en mutine ;
Qu'un père garde trop un bien qui leur est dû,
Et qui perd de son prix étant trop attendu ;   390
Qu'on voit naître de là mille sourdes pratiques
Dans le gros de son peuple et dans ses domestiques [5] ;
Et que si l'on ne va jusqu'à trancher le cours
De son règne ennuyeux et de ses tristes jours,
Du moins une insolente et fausse obéissance,   395
Lui laissant un vain titre, usurpe sa puissance.

1. Après ce vers, Prusias continue ainsi dans les éditions de 1651-1656 :

Par ce lâche devoir ses hauts faits se ternissent.

Les éditions suivantes ont reporté ce vers, un peu modifié, dans le couplet d'Araspe, à qui il paraît mieux convenir. Dans toute cette scène, écrite et conduite avec une merveilleuse habileté, Araspe, vendu au parti de la reine, feint de défendre Nicomède en même temps qu'il excite par tous les moyens Prusias contre son fils.

2. *Enflé de bruit*, dit Voltaire, est intolérable. Mais, quoi qu'en dise Voltaire, le cœur d'un héros peut fort bien être *enflé* (c'est-à-dire enflé d'orgueil) par le *bruit* (c'est-à-dire la renommée) des combats qu'il a livrés.

3. Sur *abjet*, voy. ci-dessus note sur le vers 65.

4. Si l'ordre de la naissance est trop lent, si leur père tarde à mourir.

5. Ce mot désigne au XVIIe siècle toute la maison d'un grand, non pas seulement ses valets.

ARASPE

C'est ce que de tout autre il faudroit redouter,
Seigneur, et qu'en tout autre il faudroit arrêter [1] ;
Mais ce n'est pas pour vous un avis nécessaire :
Le Prince est vertueux, et vous êtes bon père.   400

PRUSIAS

Si je n'étois bon père, il seroit criminel :
Il doit son innocence à l'amour paternel ;
C'est lui seul qui l'excuse et qui le justifie,
Ou lui seul qui me trompe et qui me sacrifie ;
Car je dois craindre enfin que sa haute vertu   405
Contre l'ambition n'ait en vain combattu,
Qu'il ne force en son cœur la nature à se taire [2].
Qui se lasse d'un roi peut se lasser d'un père ;
Mille exemples sanglants nous peuvent l'enseigner :
Il n'est rien qui ne cède à l'ardeur de régner ;   410
Et depuis qu'une fois elle nous inquiète,
La nature est aveugle, et la vertu muette.

     Te le dirai-je, Araspe? il m'a trop bien servi ;
Augmentant mon pouvoir, il me l'a tout ravi :
Il n'est plus mon sujet qu'autant qu'il le veut être ; 415
Et qui me fait régner en effet est mon maître.

----

1. *Ce* est élidé, devant le relatif : *ce qu'en tout autre*. Le texte des éditions de 1651-1660 portait :

    Sire, et ce qu'en tout autre il faudroit arrêter.

Corneille, qui avait employé fréquemment cette tournure (*que* pour *ce que*), s'efforça de la corriger partout quand Vaugelas l'eut condamnée dans ses *Remarques*. Toutefois on la rencontre encore jusque dans ses dernières pièces.

2. Légère négligence ; Nicomède a déjà dit, au vers 104, parlant de Prusias :

    Et quand il forcera la nature à se taire.

Doit-on croire que Corneille ait placé le même vers à dessein dans la bouche de Prusias parlant de Nicomède?

Pour paroître à mes yeux son mérite est trop grand :
On n'aime point à voir ceux à qui l'on doit tant.
Tout ce qu'il a fait parle au moment qu'il m'approche ;
Et sa seule présence est un secret reproche :   420
Elle me dit toujours qu'il m'a fait trois fois roi ;
Que je tiens plus de lui qu'il ne tiendra de moi ;
Et que si je lui laisse un jour une couronne,
Ma tête en porte trois que sa valeur me donne.
J'en rougis dans mon âme ; et ma confusion [1],   425
Qui renouvelle et croît à chaque occasion,
Sans cesse offre à mes yeux cette vue importune,
Que qui m'en donne trois peut bien m'en ôter une ;
Qu'il n'a qu'à l'entreprendre, et peut tout ce qu'il veut.
Juge, Araspe, où j'en suis s'il veut tout ce qu'il peut [2].

ARASPE

Pour tout autre que lui je sais comme s'explique [3]
La règle de la vraie et saine politique [4].
    Aussitôt qu'un sujet s'est rendu trop puissant,
Encor qu'il soit [5] sans crime, il n'est pas innocent :

1. VAR.   Si je ne le dois craindre, au moins j'en dois rougir ;
          Et la confusion dont je me sens couvrir
          Me ramène aussitôt cette vue importune.
                              (1651-1656.)

2. Quelle admirable peinture de l'âme d'un tyran lâche, ombrageux
et jaloux !

3. *S'explique*, c'est-à-dire *se déploie*, s'expose. *Comme*, au sens de *comment*, est partout au XVII⁰ siècle. *Comment* n'est que *comme* allongé du suffixe *ent* (latin *inde*).

4. Cette *saine politique* est simplement abominable : mais c'est la tradition constante de la tragédie classique d'énoncer avec sang-froid les maximes les plus criminelles comme autant d'aphorismes politiques incontestables. Voyez dans *Athalie* les horribles conseils que Mathan propose à la reine. Ce vers même : « Dès qu'on leur est suspect (aux rois) on n'est plus innocent », paraît un souvenir de *Nicomède* (v. 434).

5. *Encore que*, en prose et en vers, est fréquent jusqu'à la fin du XVII⁰ siècle. Il signifie *bien que*, *quoique* (étymologiquement *à cette heure que*, *hanc horam quod*).

On n'attend point alors qu'il s'ose tout permettre ; 435
C'est un crime d'État que d'en pouvoir commettre[1] ;
Et qui sait bien régner l'empêche prudemment
De mériter un juste et plus grand châtiment,
Et prévient, par un ordre à tous deux salutaire,
Ou les maux qu'il prépare, ou ceux qu'il pourroit faire.
Mais, Seigneur, pour le Prince, il a trop de vertu ;
Je vous l'ai déjà dit.

PRUSIAS

Et m'en répondras-tu[2] ?
Me seras-tu garant de ce qu'il pourra faire
Pour venger Annibal, ou pour perdre son frère ?
Et le prends-tu pour homme à voir d'un œil égal[3] 445
Et l'amour de son frère, et la mort d'Annibal ?
Non, ne nous flattons point, il court à sa vengeance ;
Il en a le prétexte, il en a la puissance ;
Il est l'astre naissant qu'adorent mes États ;
Il est le Dieu du peuple et celui des soldats. 450
Sûr de ceux-ci, sans doute il vient soulever l'autre,
Fondre avec son pouvoir sur le reste du nôtre ;
Mais ce peu qui m'en reste, encor que languissant,
N'est pas peut-être encor tout à fait impuissant.
Je veux bien toutefois agir avec adresse, 455
Joindre beaucoup d'honneur à bien peu de rudesse,
Le chasser avec gloire, et mêler doucement
Le prix de son mérite à mon ressentiment ;
Mais s'il ne m'obéit, ou s'il ose s'en plaindre,

---

1. Que de pouvoir commettre des crimes d'État.

2. Quelle scène excellente ! quelle vigueur dramatique ! L'imbécile Prusias dans ses desseins jaloux contre Nicomède n'a pas une idée qui ne lui soit dictée par Araspe, et c'est lui qui défie Araspe de se porter garant pour Nicomède !

3. *Égal*, c'est-à-dire *indifférent*. Bossuet dit : « S'ils (les libertins) le font (Dieu) égal au vice ou à la vertu, quelle idole ! » (*Oraison funèbre* d'Anne de Gonzague.) — Dans le même sens on dit familièrement : « Cela m'est égal ».

Quoi qu'il ait fait pour moi, quoi que j'en voie à craindre[1],
Dussé-je voir par là tout l'État hasardé....

ARASPE

Il vient.

SCÈNE II

PRUSIAS, NICOMÈDE, ARASPE

PRUSIAS

Vous voilà, Prince ! et qui vous a mandé ?

NICOMÈDE

La seule ambition de pouvoir en personne
Mettre à vos pieds, Seigneur, encore une couronne,
De jouir de l'honneur de vos embrassements,   465
Et d'être le témoin de vos contentements.
Après la Cappadoce heureusement unie[2]
Aux royaumes du Pont et de la Bithynie,
Je viens remercier et mon père et mon roi
D'avoir eu la bonté de s'y servir de moi,   470
D'avoir choisi mon bras pour une telle gloire,
Et fait tomber sur moi l'honneur de sa victoire.

PRUSIAS

Vous pouviez vous passer de mes embrassements[3],

1. *En* se rapporte à *il* (Nicomède). Au XVIIe siècle on rapporte *en* à des noms de personnes ; on se sert aujourd'hui de l'adjectif possessif ou du pronom personnel.

2. VAR.   La Cappadoce est vôtre et le trône d'Arsace ;
Vos ordres par ma main vous ont mis en sa place,
Et je viens rendre grâce à mon père et mon roi.
(1651-1656.)

Arsace est le nom commun de tous les souverains des Parthes ; mais ce nom paraît ici introduit un peu au hasard.

3. Certainement cette rebuffade est comique ; mais il y a beaucoup de comédie dans cette pièce. Voyez Notice, page 39.

Me faire par écrit de tels remerciments ;
Et vous ne deviez pas envelopper d'un crime   475
Ce que votre victoire ajoute à votre estime[1].
Abandonner mon camp en est un capital[2],
Inexcusable en tous, et plus au général[3] ;
Et tout autre que vous, malgré cette conquête,
Revenant sans mon ordre, eût payé de sa tête.   480

NICOMÈDE

J'ai failli, je l'avoue, et mon cœur imprudent
A trop cru les transports d'un desir trop ardent :
L'amour que j'ai pour vous a commis cette offense,
Lui seul à mon devoir fait cette violence.
Si le bien de vous voir m'étoit moins précieux,   485
Je serois innocent, mais si loin de vos yeux,
Que j'aime mieux, Seigneur, en perdre un peu d'estime
Et qu'un bonheur si grand me coûte un petit crime,
Qui ne craindra jamais la plus sévère loi,
Si l'amour juge en vous ce qu'il a fait en moi.   490

PRUSIAS

La plus mauvaise excuse est assez pour un père,
Et sous le nom d'un fils toute faute est légère :
Je ne veux voir en vous que mon unique appui.
Recevez tout l'honneur qu'on vous doit aujourd'hui :
L'ambassadeur romain me demande audience ;   495
Il verra ce qu'en vous je prends de confiance ;
Vous l'écouterez, Prince, et répondrez pour moi.

1. *A votre estime*, c'est-à-dire à votre mérite (à l'estime qu'on a pour vous). Vaugelas admet que le mot *estime* se dise « avec le pronom possessif et de l'estime que l'on a de moi et de l'estime que j'ai d'un autre ».

2. Un *crime capital*.

3. Voltaire dit : *au général* est un solécisme, il faut *dans un général*. Mais justement *au général* signifie au XVIIe siècle *dans un général* (voyez les emplois de *à* dans Corneille, *Lexique* de M. Marty-Laveaux, t. XI, p. 6). D'ailleurs on dit : C'est *inexcusable à vous*, non pas *en vous*.

Vous êtes aussi bien le véritable roi [1] ;
Je n'en suis plus que l'ombre, et l'âge ne m'en laisse
Qu'un vain titre d'honneur qu'on rend à ma vieillesse ;
Je n'ai plus que deux jours peut-être à le garder :
L'intérêt de l'État vous doit seul regarder [2].
Prenez-en aujourd'hui la marque la plus haute [3] ;
Mais gardez-vous aussi d'oublier votre faute ;
Et comme elle fait brèche au pouvoir souverain,   505
Pour la bien réparer, retournez dès demain.
Remettez en éclat la puissance absolue :
Attendez-la de moi comme je l'ai reçue,
Inviolable, entière ; et n'autorisez pas
De plus méchants que vous à la mettre plus bas [4].   510
Le peuple qui vous voit, la cour qui vous contemple,
Vous désobéiroient sur votre propre exemple :
Donnez-leur-en un autre, et montrez à leurs yeux
Que nos premiers sujets obéissent le mieux.

NICOMÈDE

J'obéirai, Seigneur, et plus tôt qu'on ne pense ;   515
Mais je demande un prix de mon obéissance.
La reine d'Arménie est due à ses Etats,
Et j'en vois les chemins ouverts par nos combats [5].

1. Prusias va tendre un piège à Nicomède ; en feignant de s'effacer
lui-même, en l'invitant à répondre à l'ambassadeur du sénat, il tâchera
de le compromettre et il ne désespère pas de le perdre.

2. L'intérêt de l'État ne doit regarder que vous seul.

3. Vers obscur : *en* parait se rapporter à tout le vers précédent ; de ce
fait (que l'intérêt de l'État ne doit regarder que vous seul) prenez aujour-
d'hui la plus haute marque (en répondant à Flaminius). Comme on dit :
« prendre les marques d'une dignité ».

4. Ces vers sont très beaux ; la majesté souveraine semble les dicter
à Prusias, quoiqu'il en soit l'indigne interprète.

5. VAR.   Et les chemins ouverts par nos derniers combats
             Font qu'après ce bonheur tout son peuple soupire.
                                        (1651-1656.)

La leçon substituée à ce dernier vers offre une métaphore un peu
affectée.

Il est temps qu'en son ciel cet astre aille reluire :
De grâce, accordez-moi l'honneur de l'y conduire.   520

PRUSIAS

Il n'appartient qu'à vous, et cet illustre emploi
Demande un roi lui-même, ou l'héritier d'un roi ;
Mais pour la renvoyer jusqu'en son Arménie,
Vous savez qu'il y faut quelque cérémonie :
Tandis que je ferai préparer son départ,   525
Vous irez dans mon camp l'attendre de ma part [1].

NICOMÈDE

Elle est prête à partir sans plus grand équipage.

PRUSIAS

Je n'ai garde à son rang de faire un tel outrage [2].
Mais l'ambassadeur entre, il le faut écouter ;
Puis nous verrons quel ordre on y doit apporter [3].   530

SCÈNE III

PRUSIAS, NICOMÈDE, FLAMINIUS, ARASPE

FLAMINIUS

Sur le point de partir [4], Rome, Seigneur, me mande
Que je vous fasse encor pour elle une demande.
Elle a nourri vingt ans un prince votre fils ;

---

1. *De ma part*, c'est-à-dire attendre que je vous l'envoie.

2. C'est un assaut d'ironie et de réticences entre le père et le fils. Prusias est faible et lâche, mais non stupide ; et parfois sa méfiance le rend clairvoyant.

3. *Y* se rapporte au projet du départ de Laodice.

4. La syntaxe admettait au XVIIe siècle ces incidentes qui ne se rapportent pas au sujet de la phrase principale. Il n'y a là qu'une ellipse fort claire : (Tandis que je suis) sur le point de partir, Rome me mande....

Et vous pouvez juger les soins qu'elle en a pris
Par les hautes vertus et les illustres marques [1]   535
Qui font briller en lui le sang de vos monarques.
Surtout il est instruit en l'art de bien régner :
C'est à vous de le croire, et de le témoigner.
Si vous faites état de cette nourriture [2],
Donnez ordre qu'il règne : elle vous en conjure ;   540
Et vous offenseriez l'estime qu'elle en fait
Si vous le laissiez vivre et mourir en sujet.
Faites donc aujourd'hui que je lui puisse dire
Où vous lui destinez un souverain empire.

PRUSIAS

Les soins qu'ont pris de lui le peuple et le sénat   545
Ne trouveront en moi jamais un père ingrat :
Je crois que pour régner il en a les mérites [3],
Et n'en veux point douter après ce que vous dites ;
Mais vous voyez, Seigneur, le Prince son aîné,
Dont le bras généreux trois fois m'a couronné ;   550
Il ne fait que sortir [4] encor d'une victoire ;
Et pour tant de hauts faits je lui dois quelque gloire :
Souffrez qu'il ait l'honneur de répondre pour moi.

NICOMÈDE

Seigneur, c'est à vous seul de faire Attale roi.

PRUSIAS

C'est votre intérêt seul que sa demande touche [5].   555

---

1. *Les illustres marques*, les caractères, les signes extérieurs des qualités de l'âme.

2. *Nourriture* au figuré, c'est-à-dire éducation ; très usité au XVII⁰ siècle, terme vieilli, mais regrettable. — *Faire état*, faire cas, estime.

3. Sorte de pléonasme, qui s'explique par une ellipse : je crois que pour ce qui est de régner, il en a les mérites.

4. La grammaire ne distinguait pas encore : *ne faire que sortir* (sortir sans cesse) et *ne faire que de sortir* (sortir récemment).

5. VAR.   C'est votre intérêt seul que cette affaire touche.
              — Et pour le vôtre seul je veux ouvrir la bouche.
                                        (1651-1656.)

NICOMÈDE

Le vôtre toutefois m'ouvrira seul la bouche.
De quoi se mêle Rome [1], et d'où prend le sénat,
Vous vivant, vous régnant, ce droit sur votre État
Vivez, régnez, Seigneur, jusqu'à la sépulture,
Et laissez faire après, ou Rome [2], ou la nature.   560

PRUSIAS

Pour de pareils amis il faut se faire effort.

NICOMÈDE

Qui partage vos biens aspire à votre mort [3];
Et de pareils amis, en bonne politique....

PRUSIAS

Ah! ne me brouillez point avec la République
Portez plus de respect à de tels alliés.   565

NICOMÈDE

Je ne puis voir sous eux les rois humiliés;
Et quel que soit ce fils que Rome vous renvoie,
Seigneur, je lui rendrois son présent avec joie.
S'il est si bien instruit en l'art de commander,
C'est un rare trésor qu'elle devroit garder,   570
Et conserver chez soi sa chère nourriture [4],
Ou pour le consulat, ou pour la dictature.

FLAMINIUS

Seigneur, dans ce discours qui nous traite si mal,
Vous voyez un effet des leçons d'Annibal;

---

1. Magnifique explosion où la générosité de Nicomède éclate avec une rare éloquence.

2. Ou Rome, ou moi, votre héritier naturel.

3. VAR.   Qui vous partage en vie aspire à votre mort.
(Leçon énergique et regrettable.)   (1651-1656.)

4. *Nourriture* désigne ici celui qui est nourri, l'élève des Romains; en ce sens il a vieilli. La construction s'explique par une ellipse : *et elle devrait conserver*, etc.

Ce perfide ennemi de la grandeur romaine   575
N'en a mis en son cœur que mépris et que haine

NICOMÈDE

Non, mais il m'a surtout laissé ferme en ce point,
D'estimer beaucoup Rome, et ne la craindre point
On me croit son disciple, et je le tiens à gloire[1];
Et quand Flaminius attaque sa mémoire,   580
Il doit savoir qu'un jour il me fera raison
D'avoir réduit mon maître au secours du poison,
Et n'oublier jamais qu'autrefois ce grand homme
Commença par son père à triompher de Rome[2].

FLAMINIUS

Ah! c'est trop m'outrager!

NICOMÈDE

N'outragez plus les morts[3].

PRUSIAS

Et vous, ne cherchez point à former de discords :
Parlez, et nettement, sur ce qu'il me propose.

NICOMÈDE

Eh bien! s'il est besoin de répondre autre chose,
Attale doit régner, Rome l'a résolu;
Et puisqu'elle a partout un pouvoir absolu,   590
C'est aux rois d'obéir alors qu'elle commande.
Attale a le cœur grand, l'esprit grand, l'âme grande,
Et toutes les grandeurs dont se fait un grand roi[4];

---

1. VAR.   Je fus son écolier, et je le tiens à gloire. (1651-1656.)

Pourquoi ne dit-on plus : *tenir à gloire*, puisqu'on dit encore *tenir à honneur*?

2. Inexact. P. Scipion fut vaincu au Tésin, et à la Trébie en 218, avant que Flaminius fût vaincu à Trasimène en 217. Sur cette parenté imaginaire de Flaminius et de Flamininus, voyez Notice sur *Nicomède*, page 37.

3. VAR.   N'offensez plus les morts. (1651.)

4. Cette répétition affectée de la même épithète semble marquer un

Mais c'est trop que d'en croire un Romain sur sa foi.
Par quelque grand effet voyons s'il en est digne [1],   595
S'il a cette vertu, cette valeur insigne .
Donnez-lui votre armée, et voyons ces grands coups;
Qu'il en fasse [2] pour lui ce que j'ai fait pour vous;
Qu'il règne avec éclat sur sa propre conquête,
Et que de sa victoire il couronne sa tête.   600
Je lui prête mon bras, et veux dès maintenant,
S'il daigne s'en servir, être son lieutenant.
L'exemple des Romains m'autorise à le faire :
Le fameux Scipion le fut bien de son frère;
Et lorsqu'Antiochus fut par eux détrôné,   605
Sous les lois du plus jeune on vit marcher l'aîné [3].
Les bords de l'Hellespont, ceux de la mer Égée,
Les restes de l'Asie à nos côtés rangée [4],
Offrent une matière à son ambition....

FLAMINIUS

Rome prend tout ce reste en sa protection;   610
Et vous n'y pouvez plus étendre vos conquêtes,
Sans attirer sur vous d'effroyables tempêtes.

NICOMÈDE

J'ignore sur ce point les volontés du Roi;
Mais peut-être qu'un jour je dépendrai de moi,

peu de dépit chez Nicomède. Elle déplut aux comédiens du xviiiᵉ siècle, qui modifièrent ces vers. Ils ne choquaient point les spectateurs du
xviiᵉ; et M. Marty-Laveaux pense que Mlle de Scudéry les a même
imités dans ce passage du *Grand Cyrus* (tome X, p. 1354) : « Vous avez
une grande beauté, un grand esprit, un grand cœur et mille grandes
qualités. » C'est Cyrus qui parle à Thomyris.

1. S'il est digne qu'on le fasse roi.

2. Qu'il fasse au moyen de cette armée.

3. Lucius Cornélius Scipion l'Asiatique défit Antiochus au mont Sipyle
en 190. Son frère Publius, le vainqueur de Carthage, servait alors sous
lui comme lieutenant.

4. Quelques éditions portent : à nos *côtes* rangée; c'est une fausse
lecture. *Ranger* dans Corneille a souvent le sens de *placer*. L'Asie
rangée à nos côtés, c'est l'Asie située sur nos frontières.

Et nous verrons alors l'effet de ces menaces.   615
   Vous pouvez cependant faire munir ces places,
Préparer un obstacle à mes nouveaux desseins,
Disposer de bonne heure un secours de Romains ;
Et si Flaminius en est le capitaine,
Nous pourrons lui trouver un lac de Trasimène[1]   620

PRUSIAS

Prince, vous abusez trop tôt de ma bonté[2] :
Le rang d'ambassadeur doit être respecté ;
Et l'honneur souverain qu'ici je vous défère....

NICOMÈDE

Ou laissez-moi parler, Sire, ou faites-moi taire[3].
Je ne sais point répondre autrement pour un roi   625
A qui dessus son trône[4] on veut faire la loi.

PRUSIAS

Vous m'offensez moi-même en parlant de la sorte[5],
Et vous devez dompter l'ardeur qui vous emporte.

1. On a pu trouver que Nicomède ici passe un peu la mesure, et, sans provocation suffisante, adresse à l'ambassadeur romain un bien cruel outrage. Ce reproche est fondé ; mais il faut songer que Nicomède est jeune, un peu enflé de ses succès, et surtout exaspéré par la vue de l'abaissement de son père aux pieds des Romains.

2. Var.   Prince, vous abusez enfin de ma bonté.
(1651-1656.)

3. Voltaire prend souci d'interpréter ce vers. N'est-il pas parfaitement clair ? Ou laissez-moi parler librement, ou faites-moi taire tout à fait.

4. Sur l'adverbe, confondu au XVIIe siècle avec la préposition, voy. ci-dessus note du vers 283. Il faut avouer que souvent l'emploi de l'adverbe donnait plus d'énergie à la tournure. Citons ces vers de Corneille :

    — Rome est *dessous* vos lois par le droit de la guerre.
    — Rodogune a paru sortant de sa prison
    Comme un soleil levant *dessus* notre horizon.

Qu'on essaye de substituer *sous* et *sur* à *dessous* et *dessus*, les vers sont affaiblis.

5. Var. Vous m'offensez. — Autant que Rome vous honore.
      — Quoi ? vous continuez à m'offenser encore !
(1651-1656.)

NICOMÈDE

Quoi? je verrai, Seigneur, qu'on borne vos États,
Qu'au milieu de ma course on m'arrête le bras, 630
Que de vous menacer on a même l'audace,
Et je ne rendrai point menace pour menace!
Et je remercierai qui me dit hautement
Qu'il ne m'est plus permis de vaincre impunément!

PRUSIAS, à Flaminius

Seigneur, vous pardonnez aux chaleurs de son âge; 635
Le temps et la raison pourront le rendre sage.

NICOMÈDE

La raison et le temps m'ouvrent assez les yeux,
Et l'âge ne fera que me les ouvrir mieux.
    Si j'avois jusqu'ici vécu comme ce frère,
Avec une vertu qui fût imaginaire 640
(Car je l'appelle ainsi quand elle est sans effets;
Et l'admiration de tant d'hommes parfaits[1]
Dont il a vu dans Rome éclater le mérite,
N'est pas grande vertu si l'on ne les imite);
Si j'avois donc vécu dans ce même repos 645
Qu'il a vécu[2] dans Rome auprès de ses héros,
Elle me laisseroit la Bithynie entière,
Telle que de tout temps l'aîné la tient d'un père,
Et s'empresseroit moins à le faire régner,
Si vos armes[3] sous moi n'avoient su rien gagner. 650
Mais parce qu'elle voit avec la Bithynie
Par trois sceptres conquis trop de puissance unie,
Il faut la diviser; et dans ce beau projet,
Ce prince est trop bien né pour vivre mon sujet!
Puisqu'il peut la servir à me faire descendre, 655

---

1. L'admiration (qu'il a) pour tant d'hommes parfaits.
2. Tournure latine, très usitée au XVIIe siècle. Aujourd'hui : où il a vécu.
3. Nicomède parle à Prusias. — *Gagner*, conquérir.

Il a plus de vertu que n'en eut Alexandre;
Et je lui dois quitter[1], pour le mettre en mon rang,
Le bien de mes aïeux, ou le prix de mon sang.
Grâces aux immortels, l'effort de mon courage
Et ma grandeur future ont mis Rome en ombrage[2] : 660
Vous pouvez l'en guérir, Seigneur, et promptement;
Mais n'exigez d'un fils aucun consentement :
Le maître qui prit soin d'instruire ma jeunesse
Ne m'a jamais appris à faire une bassesse.

FLAMINIUS

A ce que je puis voir, vous avez combattu,   665
Prince, par intérêt, plutôt que par vertu.
Les plus rares exploits que vous ayez pu faire
N'ont jeté qu'un dépôt sur la tête d'un père :
Il n'est que gardien[3] de leur illustre prix,
Et ce n'est que pour vous que vous avez conquis,   670
Puisque cette grandeur à son trône attachée
Sur nul autre que vous ne peut être épanchée.
Certes, je vous croyois un peu plus généreux :
Quand les Romains le sont, ils ne font rien pour eux.
Scipion, dont tantôt vous vantiez le courage,   675
Ne vouloit point régner sur les murs de Carthage;
Et de tout ce qu'il fit pour l'empire romain
Il n'en eut que la gloire et le nom d'Africain.
Mais on ne voit qu'à Rome une vertu si pure :

---

1. Céder.

> Penses-tu qu'après tout j'en *quitte* encor ma part.
> (Le Menteur, v. 1072.)

2. On dit plus communément *faire ombrage*, ou *donner de l'ombrage*; mais, *ombrage* signifiant *soupçon, jalousie, défiance*, le tour employé par Corneille est parfaitement clair et correct.

3. *Gardien* n'est plus aujourd'hui compté en vers que pour deux syllabes. Molière, comme Corneille, l'a fait de trois :

> Suis-je donc gardien, pour employer ce style....
> (Dépit amoureux, vers 1533.)

Le reste de la terre est d'une autre nature[1].   680
   Quant aux raisons d'État qui vous font concevoir
Que nous craignons en vous l'union du pouvoir[2],
Si vous en[3] consultiez des têtes bien sensées,
Elles vous déferoient de ces belles pensées :
Par respect pour le Roi je ne dis rien de plus[4].   685
Prenez quelque loisir de rêver la-dessus ;
Laissez moins de fumée à vos faux militaires[5],
Et vous pourrez avoir des visions plus claires.

NICOMÈDE

Le temps pourra donner quelque décision
Si la pensée est belle, ou si c'est vision.   690
Cependant.....

FLAMINIUS

   Cependant, si vous trouvez des charmes
A pousser plus avant la gloire de vos armes,
Nous ne la bornons point ; mais comme il est permis
Contre qui que ce soit de servir ses amis,
Si vous ne le savez, je veux bien vous l'apprendre,   695
Et vous en donne avis pour ne vous pas surprendre.
   Au reste, soyez sûr que vous posséderez
Tout ce qu'en votre cœur déjà vous dévorez :
Le Pont sera pour vous avec la Galatie,

---

1. Ce beau couplet relève la figure et le rôle de Flaminius. Au reste, en abaissant parfois l'ambassadeur romain dans cette tragédie, Corneille n'a jamais souffert que Rome elle-même fût abaissée.

2. Expression obscure ; le sens est : l'union de plusieurs couronnes sur votre tête.

3. *En*, c'est-à-dire : là-dessus.

4. Var.   Pour le respect du roi.... (1651-1664.)

Ce tour commençait à vieillir.

5. C'est un *concetto*, une pensée brillante dans le goût italien du cavalier Marin. Corneille joue sur le double sens de *feu militaire* : et désigne par ces mots l'orgueil du jeune vainqueur (et l'on dit *les fumées de l'orgueil*) et les bûchers fumeux qu'on allume dans les camps.

Avec la Cappadoce, avec la Bithynie [1].   700
Ce bien de vos aïeux, ces prix de votre sang,
Ne mettront point Attale en votre illustre rang ;
Et puisque leur partage est pour vous un supplice,
Rome n'a pas dessein de vous faire injustice.
Ce prince régnera sans rien prendre sur vous.   705
     (A Prusias.)
   La reine d'Arménie a besoin d'un époux,
Seigneur ; l'occasion ne peut être plus belle :
Elle vit sous vos lois, et vous disposez d'elle.

NICOMÈDE

Voilà le vrai secret de [2] faire Attale roi,
Comme vous l'avez dit, sans rien prendre sur moi.   710
La pièce [3] est délicate, et ceux qui l'ont tissue
A de si longs détours font une digne issue.
Je n'y réponds qu'un mot, étant sans intérêt [4].
   Traitez cette princesse en reine comme elle est :
Ne touchez point en elle aux droits du diadème,   715
Ou pour les maintenir je périrai moi-même.
Je vous en donne avis, et que jamais les rois [5],
Pour vivre en nos États [6], ne vivent sous nos lois ;
Qu'elle seule en ces lieux d'elle-même dispose.

1. Ce sont les trois royaumes conquis par Nicomède, et la Bithynie,
royaume héréditaire de Prusias.

2. Aujourd'hui, dans la même tournure, nous employons *pour*.

3. *Pièce* en ce sens signifie *tromperie, finesse, tour, malice*. On l'explique
d'ordinaire par une allusion au sens de *pièce de théâtre*. Mais ici Corneille semble faire dériver cette acception figurée du sens propre de
pièce d'étoffe.

4. *Etant sans intérêt* est dit ironiquement (par allusion au vers 705 :
sans rien prendre sur vous). Nicomède est fort intéressé dans l'affaire, et
il sait bien que Flaminius ne l'ignore pas. Voltaire affecte de ne pas
comprendre et accuse Nicomède de dissimulation.

5. Et (je vous donne avis) que jamais, etc. Sur cette tournure voy.
ci-dessus note sur le vers 18.

6. Parce qu'ils vivent, etc. Tour très fréquent au XVIIᵉ siècle. « Et
que pour être assis sur un trône, ils (les Rois) n'en sont pas moins sous
sa main », etc. (Bossuet, *Oraison funèbre de la reine d'Angleterre*.)

PRUSIAS

N'avez-vous, Nicomède, à lui dire autre chose? 720

NICOMÈDE

Non, Seigneur, si ce n'est que la Reine, après tout,
Sachant ce que je puis, me pousse trop à bout [1]

PRUSIAS

Contre elle, dans ma cour, que peut votre insolence?

NICOMÈDE

Rien du tout, que garder ou rompre le silence.
Une seconde fois avisez, s'il vous plaît, 725
A traiter Laodice en reine comme elle est :
C'est moi qui vous en prie.

SCÈNE IV

PRUSIAS, FLAMINIUS, ARASPE

FLAMINIUS

Eh quoi! toujours obstacle [2]?

PRUSIAS

De la part d'un amant ce n'est pas grand miracle.
Cet orgueilleux esprit, enflé de ses succès [3],
Pense bien de son cœur [4] nous empêcher l'accès; 730
Mais il faut que chacun suive sa destinée.

---

1. Vers essentiel à l'intelligence du rôle : il montre que Nicomède, tout en affectant de garder son sang-froid, n'est pas entièrement maître de lui dans cette scène.

2. Ellipse. Nicomède sera-t-il toujours un obstacle à nos projets ?

3. VAR.   Cet esprit arrogant et fier de ses succès.
(1651-1656.)

4. *De son cœur* se rapporte à Laodice.

L'amour entre les rois ne fait pas l'hyménée,
Et les raisons d'Etat, plus fortes que ses nœuds,
Trouvent bien les moyens d'en éteindre les feux [1].

FLAMINIUS

Comme elle a de l'amour, elle aura du caprice [2].   735

PRUSIAS

Non, non : je vous réponds, Seigneur, de Laodice ;
Mais enfin elle est reine, et cette qualité
Semble exiger de nous quelque civilité [3].
J'ai sur elle après tout une puissance entière ;
Mais j'aime à la cacher sous le nom de prière [4].   740
Rendons-lui donc visite, et comme ambassadeur,
Proposez cet hymen vous-même à sa grandeur.
Je seconderaï Rome, et veux vous introduire.
Puisqu'elle est en nos mains, l'amour ne vous peut nuire [5].
Allons de sa réponse à votre compliment   745
Prendre l'occasion de parler hautement [6].

1. La métaphore n'est pas bien suivie. L'amour est *nœud* au vers 733 *flamme* au vers 734.

2. Le vers et l'idée sont de la comédie, dit Voltaire. Soit ; mais qu'importe? Voy. Notice, p. 41.

3. VAR.   Semble exiger de nous quelque formalité.
(1651-1656.)

4. Excellents vers qui peignent admirablement la faiblesse de Prusias et les précautions qu'il prend pour la dissimuler.

5. Qu'elle aime ou non, nous sommes maîtres d'elle.

6. Prusias veut dire qu'il prévoit que Laodice répondra sans doute avec hauteur à Flaminius, et qu'on pourra prendre occasion de son imprudence pour la violenter. C'est bien la politique des hommes faibles, qui ne tiennent pas à avoir raison, mais tiennent à ne pas attaquer les premiers.

FIN DU DEUXIÈME ACTE

ACTE III

SCÈNE PREMIÈRE

PRUSIAS, FLAMINIUS, LAODICE

PRUSIAS

Reine, puisque ce titre a pour vous tant de charmes,
Sa perte [1] vous devroit donner quelques alarmes :
Qui tranche trop du roi ne règne pas longtemps.

LAODICE

J'observerai, Seigneur, ces avis importants ;   750
Et si jamais je règne, on verra la pratique
D'une si salutaire et noble politique.

PRUSIAS

Vous vous mettez fort mal au [2] chemin de régner.

LAODICE

Seigneur, si je m'égare, on peut me l'enseigner.

PRUSIAS

Vous méprisez trop Rome, et vous devriez faire   755
Plus d'estime d'un roi qui vous tient lieu de père.

---

1. La perte de ce titre.
2. *Au* équivaut à *dans le* ; la préposition *à* dans Corneille a un emploi très étendu et peut se substituer à beaucoup d'autres prépositions. Voyez note sur le vers 46.

LAODICE

Vous verriez qu'à tous deux je rends ce que je doi[1],
Si vous vouliez mieux voir ce que c'est qu'être roi.
  Recevoir ambassade[2] en qualité de reine,
Ce seroit à vos yeux[3] faire la souveraine,   760
Entreprendre sur vous, et dedans[4] votre État
Sur votre autorité commettre un attentat.
Je la[5] refuse donc, Seigneur, et me dénie[6]
L'honneur qui ne m'est dû que dans mon Arménie.
C'est là que sur mon trône avec plus de splendeur   765
Je puis honorer Rome en son ambassadeur,
Faire réponse en reine, et comme le mérite
Et de qui l'on me parle[7], et qui m'en sollicite.
Ici c'est un métier que je n'entends pas bien,
Car hors de l'Arménie enfin je ne suis rien;   770
Et ce grand nom de reine ailleurs ne m'autorise[8]
Qu'à n'y voir point de trône à qui je sois soumise,
A vivre indépendante, et n'avoir en tous lieux
Pour souverains que moi, la raison, et les Dieux.

PRUSIAS

Ces Dieux vos souverains, et le Roi votre père,   775
De leur pouvoir sur vous m'ont fait dépositaire;

1. Voy. ci-dessus note sur le vers 33.

2. Nous avons vu que Corneille supprime volontiers les déterminatifs. Voy. ci-dessus vers 73, 278, et plus loin vers 1311.

3. C'est-à-dire, au sens propre, sous vos yeux, en votre présence. Ce n'est pas le sens figuré (à votre jugement).

4. Voy. ci-dessus note sur le vers 626.

5. La se rapporte à ambassade, pris d'une façon indéterminée, tournure aujourd'hui proscrite, fréquente chez Corneille. Voy. note sur le vers 190.

6. C'est-à-dire : je refuse pour moi-même, je me refuse à moi-même..

7. Ellipse. Et celui de qui l'on me parle.

8. VAR. Tout ce qu'au nom de reine ailleurs le ciel permette,
          C'est la gloire d'y vivre et n'être point sujette,
          D'y régner sur moi-même.. .
                              (1651-1656.)

Et vous pourrez peut-être apprendre une autre fois
Ce que c'est en tous lieux que la raison des rois.
Pour en faire l'épreuve allons en Arménie :
Je vais vous y remettre en bonne compagnie ;   780
Partons ; et dès demain, puisque vous le voulez,
Préparez-vous à voir vos pays désolés ;
Préparez-vous à voir par toute votre terre
Ce qu'ont de plus affreux les fureurs de la guerre,
Des montagnes de morts[1], des rivières de sang.   785

LAODICE

Je perdrai mes États, et garderai mon rang ;
Et ces vastes[2] malheurs où mon orgueil me jette
Me feront votre esclave, et non votre sujette :
Ma vie est en vos mains, mais non ma dignité[3].

PRUSIAS

Nous ferons bien changer ce courage indompté[4] ;   790
Et quand vos yeux, frappés de toutes ces misères,
Verront Attale assis au trône de vos pères,
Alors peut-être, alors vous le prierez en vain
Que pour y remonter il vous donne la main[5].

---

1. L'hémistiche est dans *Pompée* (vers 9), où Corneille imitait sans doute Lucain :

> *Cernit propulsa cruore*
> *Flumina, et excelsos cumulis æquantia colles*
> *Corpora.*
>
> *(Pharsale*, VII, 791.)

2. Le mot *vaste* désignant une immensité vague semble particulièrement juste ici, et répond avec une nuance d'ironie aux menaces emphatiques de Prusias.

3. Voilà un de ces beaux vers, grâce auxquels le personnage, un peu froid, de Laodice n'est pas du moins sans noblesse.

4. VAR.   Nous verrons bien changer ce courage indompté.
    (1651-1656.)

5. *Donner la main*, dans Corneille, signifie toujours *épouser* ; pour *aider, seconder*, il dit *prêter la main* (voyez *Héraclius*, v. 1794).

LAODICE

Si jamais jusque-là votre guerre m'engage[1],   795
Je serai bien changée et d'âme et de courage.
Mais peut-être, Seigneur, vous n'irez pas si loin :
Les Dieux de ma fortune auront un peu de soin ;
Ils vous inspireront[2], ou trouveront un homme
Contre tant de héros que vous prêtera Rome.   800

PRUSIAS

Sur un présomptueux vous fondez votre appui ;
Mais il court à sa perte, et vous traîne avec lui.
  Pensez-y bien, Madame, et faites-vous justice :
Choisissez d'être reine, ou d'être Laodice ;
Et pour dernier avis que vous aurez de moi,   805
Si vous voulez régner, faites Attale roi.
Adieu.

SCÈNE II

FLAMINIUS, LAODICE

FLAMINIUS

Madame, enfin une vertu parfaite....

LAODICE

Suivez le Roi, Seigneur, votre ambassade est faite ;
Et je vous dis encor, pour ne vous point flatter,
Qu'ici je ne la dois ni la veux écouter.   810

FLAMINIUS

Et je vous parle aussi, dans ce péril extrême,
Moins en ambassadeur qu'en homme qui vous aime,
Et qui touché du sort que vous vous préparez,

1. *M'engage*, c'est-à-dire m'entrave, m'ôte ma liberté.
2. Ils vous inspireront des sentiments plus doux.

Tâche à[1] rompre le cours des maux où vous courez.
    J'ose donc comme ami vous dire en confidence　815
Qu'une vertu parfaite a besoin de prudence,
Et doit considérer, pour son propre intérêt,
Et les temps où l'on vit, et les lieux où l'on est.
La grandeur de courage en une âme royale
N'est sans cette vertu qu'une vertu brutale,　　　820
Que son mérite aveugle, et qu'un faux jour d'honneur
Jette en un tel divorce avec le vrai bonheur[2],
Qu'elle-même se livre à ce qu'elle doit craindre,
Ne se fait admirer que pour se faire plaindre,
Que pour nous pouvoir dire, après un grand soupir : 825
« J'avois droit[3] de régner, et n'ai su m'en servir ».
Vous irritez un roi dont vous voyez l'armée
Nombreuse, obéissante, à vaincre accoutumée;
Vous êtes en ses mains, vous vivez dans sa cour.

LAODICE

Je ne sais si l'honneur eut jamais un faux jour[4],　　830
Seigneur; mais je veux bien vous répondre en amie.
    Ma prudence n'est pas tout à fait endormie[5];

---

1. *Tâcher à, tâcher de* s'employaient indifféremment au XVIIᵉ siècle.
Les distinctions inventées depuis par les grammairiens sont imaginaires.
2. Cet emploi figuré du mot *divorce* est assez fréquent dans Corneille.

> Avec les faux Romains elle (Rome) a fait plein divorce.
>
> > (*Sertorius*, 934.)

3. Voy. ci-dessus les vers 73, 278, etc., où se trouve la même suppression de l'article.
4. Put jamais jeter une lumière fausse et trompeuse.
5. On connaît dans *les Femmes savantes* (jouées en 1672) le sonnet de Trissotin-Cotin à la princesse Uranie :

> Votre prudence est endormie
> De traiter magnifiquement
> Et de loger superbement
> Votre plus cruelle ennemie.

Armande la précieuse aussitôt s'écrie :

> A *prudence endormie* il faut rendre les armes.

Et sans examiner par quel destin jaloux
La grandeur de courage est si mal avec vous,
Je veux vous faire voir que celle que j'étale   835
N'est pas tant qu'il vous semble une vertu brutale;
Que si j'ai droit au trône, elle s'en veut servir,
Et sait bien repousser qui me le veut ravir.

   Je vois sur la frontière une puissante armée,
Comme vous l'avez dit, à vaincre accoutumée;   840
Mais par quelle conduite[1], et sous quel général?
Le Roi, s'il s'en fait fort[2], pourroit s'en trouver mal:
Et s'il vouloit passer de son pays au nôtre,
Je lui conseillerois de s'assurer d'une autre.
Mais je vis dans sa cour, je suis dans ses États,   845
Et j'ai peu de raison de ne le craindre pas.
Seigneur, dans sa cour même, et hors de l'Arménie,
La vertu trouve appui contre la tyrannie.
Tout son peuple a des yeux pour voir quel attentat
Font sur le bien public les maximes d'État :   850
Il connoît Nicomède, il connoît sa marâtre,
Il en sait, il en voit[3] la haine opiniâtre;
Il voit la servitude où[4] le Roi s'est soumis,
Et connoît d'autant mieux les dangereux amis.

   Pour moi, que vous croyez au bord du précipice,   855
Bien loin de mépriser Attale par caprice[5],
J'évite les mépris qu'il recevroit de moi,
S'il tenoit de ma main la qualité de roi.
Je le regarderois comme une âme commune,

Cette métaphore, qui nous paraît toute naturelle, semblait à Molière entachée d'affectation.

1. C'est-à-dire sous la conduite de quel chef?

2. L'expression a ici son sens propre et primitif : s'il s'appuie sur cette armée.

3. Voy. ci-dessus note sur le vers 42.

4. *Où*, à laquelle. Voy. ci-dessus note sur le vers 26.

5. Cf. le vers 735 :

    Comme elle a de l'amour, elle aura du caprice.

Comme un homme mieux né pour une autre fortune, 860
Plus mon sujet qu'époux, et le nœud conjugal
Ne le tireroit pas de ce rang inégal.
Mon peuple à mon exemple en feroit peu d'estime.
Ce seroit trop, Seigneur, pour un cœur magnanime :
Mon refus lui fait grâce, et malgré ses desirs,   865
J'épargne à sa vertu d'éternels déplaisirs.

FLAMINIUS

Si vous me dites vrai, vous êtes ici reine :
Sur l'armée et la cour je vous vois souveraine ;
Le Roi n'est qu'une idée [1], et n'a de son pouvoir
Que ce que par pitié vous lui laissez avoir.   870
Quoi? même vous allez jusques à faire grâce!
Après cela, Madame, excusez mon audace ;
Souffrez que Rome enfin vous parle par ma voix :
Recevoir ambassade [2] est encor de vos droits ;
Ou si ce nom vous choque ailleurs qu'en Arménie,   875
Comme simple Romain souffrez que je vous die [3]
Qu'être allié de Rome, et s'en faire un appui,
C'est l'unique moyen de régner aujourd'hui ;
Que c'est par là qu'on tient ses voisins en contrainte,
Ses peuples en repos, ses ennemis en crainte ;   880
Qu'un prince est dans son trône [4] à jamais affermi
Quand il est honoré du nom de son ami ;
Qu'Attale avec ce titre est plus roi, plus monarque
Que tous ceux dont le front ose en porter la marque ;
Et qu'enfin....

1. Le mot est employé au sens étymologique ; une image, un fantôme
de roi ; un roi en peinture.

2. Sur cette suppression du déterminatif, comparez les vers 73, 278,
759, 826, etc.

3. Le subjonctif présent du verbe *dire* avait deux formes : *die* et
dise.

4. Le trône était considéré comme un siège élevé entouré d'un
balustre fermé : on disait généralement, Corneille dit toujours *dans le
trône*, et non *sur le trône*. Nous disons encore *dans la chaire*.

LAODICE

Il suffit; je vois bien ce que c'est :   885
Tous les rois ne sont rois qu'autant comme [1] il vous plaît;
Mais si de leurs États Rome à son gré dispose,
Certes pour son Attale elle fait peu de chose;
Et qui tient en sa main tant de quoi lui donner
A mendier pour lui devroit moins s'obstiner.   890
Pour un prince si cher sa réserve m'étonne [2];
Que ne me l'offre-t-elle avec une couronne?
C'est trop m'importuner en faveur d'un sujet,
Moi qui tiendrois un roi pour un indigne objet [3],
S'il venoit par vôtre ordre, et si votre alliance   895
Souilloit entre ses mains la suprême puissance,
Ce sont des sentiments que je ne puis trahir [4] ;
Je ne veux point de rois qui sachent obéir;
Et puisque vous voyez mon âme tout entière [5],
Seigneur, ne perdez plus menace ni prière.   900

FLAMINIUS

Puis-je ne pas vous plaindre en cet aveuglement?

---

1. *Autant comme*, autant que. Vaugelas condamna *autant comme* dans ses *Remarques*, en 1647; mais Corneille continua de l'employer jusque dans ses dernières pièces.

2. VAR.   Si son intention pour ce prince est si bonne.
(1651-1656)

3. *Objet*, qui dans le style poétique ou galant du XVIIe siècle a servi si souvent pour désigner la personne aimée, s'est dit quelquefois, comme ici, en parlant des hommes.
Voy. *la Galerie du Palais*, v. 1680 :

Sans doute que Lysandre est cet objet charmant.

4. *Trahir* signifie ici *démentir, renier*. Aujourd'hui *trahir ses sentiments* signifie plutôt *les laisser paraître*. *Trahir* est parfois ambigu. *Le mot a trahi ma pensée* peut signifier *l'a mal rendue*, ou au contraire *l'a fait deviner*.

5. Corneille et tout son siècle écrivaient *toute entière* et *tous entiers*, qu'on a remplacés par *tout entière*, *tout entiers* pour corriger le pléonasme qui est dans l'autre orthographe.

NICOMÈDE.   8

Madame, encore un coup [1], pensez-y mûrement :
Songez mieux ce qu'est Rome et ce qu'elle peut faire ;
Et si vous vous aimez, craignez de lui déplaire.
Carthage étant détruite, Antiochus défait [2],   905
Rien de nos volontés ne peut troubler l'effet :
Tout fléchit sur la terre, et tout tremble sur l'onde ;
Et Rome est aujourd'hui la maîtresse du monde.

LAODICE

La maîtresse du monde ! Ah ! vous me feriez peur,
S'il ne s'en falloit pas l'Arménie et mon cœur [3],   910
Si le grand Annibal n'avoit qui lui succède,
S'il ne revivoit pas au prince Nicomède [4],
Et s'il n'avoit laissé dans de si dignes mains
L'infaillible secret de vaincre les Romains.
Un si vaillant disciple aura bien le courage   915
D'en mettre jusqu'au bout les leçons en usage :
L'Asie en fait l'épreuve, où trois sceptres conquis
Font voir en quelle école il en a tant appris.
Ce sont des coups d'essai, mais si grands que peut-être
Le Capitole a droit d'en craindre un coup de maître [5], 920
Et qu'il ne puisse un jour....

1. Voy. ci-dessus note sur le vers 202.
2. *Carthage détruite* fait allusion à la défaite de cette république à la fin de la seconde guerre punique (en 202) ; en effet la troisième guerre punique et la destruction complète de Carthage n'eurent lieu qu'en 146 ; et *Nicomède* se passe vers 183 (av. J.-C). Pour Antiochus il fut défait à Magnésie en 190 av. J.-C.
3. Ce trait semble un souvenir des beaux vers d'Horace :

> *Et cuncta terrarum subacta*
> *Præter atrocem animum Catonis.*

(Livre II, Ode I, vers 23-24.)

4. Voy. ci-dessus note du vers 46 sur cet emploi fréquent de *à* où nous mettrions *dans* aujourd'hui.
5. La même antithèse est dans *le Cid* :

> Mes pareils à deux fois ne se font pas connaître
> Et pour leurs coups d'essai veulent des coups de maître.

FLAMINIUS

                    Ce jour est encor loin,
Madame, et quelques-uns vous diront, au besoin,
Quels dieux du haut en bas renversent les profanes,
Et que même au sortir de Trébie et de Cannes,
Son ombre épouvanta votre grand Annibal.   925
Mais le voici, ce bras à Rome si fatal.

SCÈNE III

NICOMÈDE, LAODICE, FLAMINIUS

NICOMÈDE

Ou Rome à ses agents donne un pouvoir bien large,
Ou vous êtes bien long à faire votre charge[1].

FLAMINIUS

Je sais quel est mon ordre, et si j'en sors ou non,
C'est à d'autres qu'à vous que j'en rendrai raison   930

NICOMÈDE

Allez-y donc[2], de grâce, et laissez à ma flamme
Le bonheur à son tour d'entretenir Madame :
Vous avez dans son cœur fait de si grands progrès,
Et vos discours pour elle ont de si grands attraits,
Que sans de grands efforts[3] je n'y pourrai détruire   935
Ce que votre harangue y vouloit introduire.

FLAMINIUS

Les malheurs où la plonge une indigne amitié
Me faisoient lui donner un conseil par pitié.

---

1. Vers assez prosaïques; Voltaire prétend que de son temps les comédiens les avaient changés.

2. *Allez-y donc*, c'est-à-dire à Rome, rendre raison de votre ambassade.

3. Comparez cette répétition affectée du mot *grand* avec les vers ci-dessus 592-593.

NICOMÈDE

Lui donner de la sorte un conseil charitable,
C'est être ambassadeur et tendre et pitoyable.   940
    Vous a-t-il conseillé beaucoup de lâchetés [1],
Madame?

FLAMINIUS

Ah! c'en est trop; et vous vous emportez.

NICOMÈDE

Je m'emporte?

FLAMINIUS

        Sachez qu'il n'est point de contrée
Où d'un ambassadeur la dignité sacrée....

NICOMÈDE

Ne nous vantez plus tant son rang et sa splendeur [2]: 945
Qui fait le conseiller n'est plus ambassadeur;
Il excède sa charge, et lui-même y renonce.
Mais dites-moi, Madame, a-t-il eu sa réponse?

LAODICE

Oui, Seigneur.

NICOMÈDE

        Sachez donc que je ne vous prends plus
Que pour l'agent d'Attale, et pour Flaminius;   950
Et si vous me fâchiez, j'ajouterois peut-être
Que pour l'empoisonneur d'Annibal, de mon maître.
Voilà tous les honneurs que vous aurez de moi :
S'ils ne vous satisfont, allez vous plaindre au Roi.

FLAMINIUS

Il me fera justice, encor qu'il soit bon père,   955
Ou Rome à son refus se la saura bien faire.

---

1. Il est permis de trouver que Nicomède passe un peu la mesure.
Sans doute il est exaspéré; mais, à ce moment, il n'est pas directement
provoqué, et ce vers si brutal nous choque.

2. Le rang et la splendeur de la dignité d'ambassadeur.

NICOMÈDE

Allez de l'un et l'autre embrasser les genoux.

FLAMINIUS

Les effets répondront. Prince, pensez à vous.

SCÈNE IV

NICOMÈDE, LAODICE

NICOMÈDE

Cet avis est plus propre à donner à la Reine.
Ma générosité cède enfin à sa haine :   960
Je l'épargnois assez pour ne découvrir pas
Les infâmes projets de ses assassinats ;
Mais enfin on m'y force et tout son crime éclate.
J'ai fait entendre au Roi Zénon et Métrobate ;
Et comme leur rapport a de quoi l'étonner,   965
Lui-même il prend le soin de les examiner.

LAODICE

Je ne sais pas, Seigneur, quelle en sera la suite ;
Mais je ne comprends point toute cette conduite,
Ni comme à cet éclat la Reine vous contraint.
Plus elle vous doit craindre, et moins elle vous craint ;
Et plus vous la pouvez accabler d'infamie,
Plus elle vous attaque en mortelle ennemie.

NICOMÈDE

Elle prévient ma plainte, et cherche adroitement
A la faire passer pour un ressentiment ;
Et ce masque trompeur de fausse hardiesse   975
Nous déguise sa crainte et couvre sa foiblesse.

LAODICE

Les mystères de cour souvent sont si cachés

Que les plus clairvoyants y sont bien empêchés[1].
    Lorsque vous n'étiez point ici pour me défendre,
Je n'avois contre Attale aucun combat à rendre;   980
Rome ne songeoit point à troubler notre amour :
Bien plus, on ne vous souffre ici que ce seul jour;
Et dans ce même jour Rome, en votre présence,
Avec chaleur pour lui presse mon alliance.
Pour moi, je ne vois goutte[2] en ce raisonnement,   985
Qui n'attend point le temps de votre éloignement,
Et j'ai devant les yeux toujours quelque nuage
Qui m'offusque la vue et m'y jette un ombrage[3].
Le roi chérit sa femme, il craint Rome; et pour vous,
S'il ne voit vos hauts faits d'un œil un peu jaloux[4], 990
Du moins, à dire tout, je ne saurois vous taire
Qu'il est trop bon mari pour être assez bon père.
Voyez quel contretemps Attale prend ici[5]!
Qui l'appelle avec nous[6]? quel projet? quel souci?
Je conçois mal, Seigneur, ce qu'il faut que j'en pense,
Mais j'en romprai le coup[7], s'il y faut ma présence.
Je vous quitte.

1. Embarrassés; c'est le sens étymologique du mot.
2. Cette expression, où le mot *goutte* (désignant, comme *pas*, *point*, *mie*, une quantité très petite) sert à renforcer la négation, commençait à devenir familière au temps de Corneille; mais, quarante ans plus tôt, Malherbe s'en était servi dans ses *Odes* :

> Sous Henri c'est ne voir goutte
> Que de révoquer en doute
> Le salut des fleurs de lis.
> (*Au Roi, sur l'heureux succès du voyage de Sedan.*)

3. Au sens propre d'obscurcissement. Mme de Sévigné disait : « Je fais jeter de grands arbres à bas, parce qu'ils font *ombrage* ».
4. VAR.   Le bruit de votre nom ne le rend pas jaloux,
               Je n'ose le penser, mais je ne puis vous taire.
                              (1651-1656.)
5. Voltaire blâme l'expression. Mais, puisqu'on dit *prendre son temps*, ne peut-on dire *prendre un contretemps*?
6. Qui l'appelle ici où nous sommes?
7. Voy. ci-dessus note sur les vers 25 et 77

SCÈNE V

NICOMÈDE, ATTALE, LAODICE

ATTALE

Madame, un si doux entretien
N'est plus charmant pour vous quand j'y mêle le mien.

LAODICE

Votre importunité, que j'ose dire extrême,
Me peut entretenir en un autre moi-même :   1000
Il connoît tout mon cœur, et répondra pour moi,
Comme à Flaminius il a fait[1] pour le Roi.

SCÈNE VI

NICOMÈDE, ATTALE

ATTALE

Puisque c'est la chasser, Seigneur, je me retire.

NICOMÈDE

Non, non ; j'ai quelque chose aussi bien à vous dire,
Prince. J'avois mis bas[2], avec le nom d'aîné,   1005
L'avantage du trône où[3] je suis destiné ;
Et voulant seul ici défendre ce que j'aime,

---

1. *Faire*, au XVIIe siècle, en prose et vers, s'emploie fréquemment pour
éviter la répétition d'un verbe exprimé précédemment.

> Ils raffinent les vers, fantastiques d'humeur,
> Ainsi que les Gascons ont fait (*raffiné*) le point d'honneur.
> (Régnier, *Sat.*, IX.)

2. Déposé, comme on dit : mettre bas les armes.
3. Voy. ci-dessus note sur le vers 26.

Je vous avois prié de l'attaquer de même,
Et de ne mêler point surtout dans vos desseins
Ni le secours du Roi, ni celui des Romains.   1010
Mais ou vous n'avez pas la mémoire fort bonne,
Ou vous n'y mettez rien de ce qu'on vous ordonne[1].

ATTALE

Seigneur, vous me forcez à m'en souvenir mal,
Quand vous n'achevez pas de rendre tout égal :
Vous vous défaites bien de quelques droits d'aînesse ;
Mais vous défaites-vous du cœur de la Princesse,
De toutes les vertus qui vous en font aimer,
Des hautes qualités qui savent tout charmer,
De trois sceptres conquis, du gain de six batailles,
Des glorieux assauts de plus de cent murailles?   1020
Avec de tels seconds[2] rien n'est pour vous douteux.
Rendez donc la Princesse égale[3] entre nous deux :
Ne lui laissez plus voir ce long amas de gloire
Qu'à pleines mains sur vous a versé la victoire ;
Et faites qu'elle puisse oublier une fois   1025
Et vos rares vertus, et vos fameux exploits ;
Ou contre son amour, contre votre vaillance,
Souffrez Rome et le Roi dedans[4] l'autre balance :
Le peu qu'ils ont gagné vous fait assez juger
Qu'ils n'y mettront jamais qu'un contrepoids léger.

NICOMÈDE

C'est n'avoir pas perdu tout votre temps à Rome,

---

1. Le ton est dur, et il est permis de trouver que Nicomède mal-
mène un peu trop Attale, qui doit le sauver à la fin de la pièce. Ici
même Attale lui répond avec beaucoup de bonne grâce, et Nicomède
riposte par une cruelle injure. Voy. ci-dessous vers 1033.

2. La passion des duels avait fait inventer les *seconds* qu'amenait
de chaque côté le duelliste principal ; ils se battaient entre eux. Dans
le fameux duel des ducs de Nemours et de Beaufort, il y eut quatre
seconds de chaque côté. Ce duel eut lieu le 30 juillet 1652, un peu
après la représentation de *Nicomède*.

3. Voy. ci-dessus note du vers 445.

4. Voy ci-dessus note du vers 283.

Que vous savoir ainsi défendre en galant homme :
Vous avez de l'esprit, si vous n'avez du cœur [1].

SCÈNE VII

ARSINOÉ, NICOMÈDE, ATTALE, ARASPE

ARASPE

Seigneur, le Roi vous mande.

NICOMÈDE

Il me mande?

ARASPE

Oui, Seigneur.

ARSINOÉ

Prince, la calomnie est aisée à détruire.   1035

NICOMÈDE

J'ignore à quel sujet vous m'en venez instruire,
Moi qui ne doùte point de cette vérité,
Madame.

ARSINOÉ

Si jamais vous n'en aviez douté,
Prince, vous n'auriez pas, sous l'espoir [2] qui vous flatte,
Amené de si loin Zénon et Métrobate.   1040

NICOMÈDE

Je m'obstinois, Madame, à tout dissimuler;
Mais vous m'avez forcé de les faire parler.

1. Voy. ci-dessus note du vers 1012.
2. *Sous l'espoir*, comme nous disons *dans l'espoir*, est fréquent dans Corneille.

> Sous l'espoir du retour pour venger son amant.
> (*Cinna*, 1680.)

Corneille dit *sous espoir* comme on dit *sous prétexte* ou *sous couleur*.

ARSINOÉ

La vérité les force, et mieux que vos largesses
Ces hommes du commun tiennent mal leurs promesses :
Tous deux en ont plus dit qu'ils n'avoient résolu.   1045

NICOMÈDE

J'en suis fâché pour vous, mais vous l'avez voulu.

ARSINOÉ

Je le veux bien encore, et je n'en suis fâchée
Que d'avoir vu par là votre vertu tachée [1],
Et qu'il faille ajouter à vos titres d'honneur
La noble qualité de mauvais suborneur.   1050

NICOMÈDE

Je les ai subornés contre vous à ce conte [2]?

ARSINOÉ

J'en ai le déplaisir, vous en aurez la honte.

NICOMÈDE

Et vous pensez par là leur ôter tout crédit ?

ARSINOÉ

Non, Seigneur : je me tiens à ce qu'ils en ont dit.

NICOMÈDE

Qu'ont-ils dit qui vous plaise, et que vous vouliez croire?

ARSINOÉ

Deux mots de vérité qui vous comblent de gloire.

NICOMÈDE

Peut-on savoir de vous ces deux mots importants?

---

1. Le pléonasme n'est qu'apparent. *En*, adverbe (latin *inde*), signifie
là-dessus, en cela. Je ne suis fâchée en cela que d'une chose, c'est
d'avoir vu, etc.

2. *Conte* et *compte*, tous deux substantifs verbaux, tirés de *conter* et
compter, dont l'étymologie est la même (*computare*), se confondaient
absolument jusqu'à Corneille. On écrivait des deux façons dans les deux
sens. Ici le sens est *à ce compte*.

ARASPE

Seigneur, le Roi s'ennuie, et vous tardez longtemps.

ARSINOÉ

Vous les saurez de lui, c'est trop le faire attendre.

NICOMÈDE

Je commence, Madame, enfin à vous entendre :   1060
Son amour conjugal, chassant le paternel,
Vous fera l'innocente, et moi le criminel.
Mais.....

ARSINOÉ

Achevez, Seigneur ; ce mais, que veut-il dire ?

NICOMÈDE

Deux mots de vérité qui font que je respire.

ARSINOÉ

Peut-on savoir de vous ces deux mots importants   1065

NICOMÈDE

Vous les saurez du Roi, je tarde trop longtemps [1].

SCÈNE VIII

ARSINOÉ, ATTALE

ARSINOÉ

Nous triomphons, Attale ; et ce grand Nicomède
Voit quelle digne issue à ses fourbes succède.

---

1. Voy. ci-dessus vers 1059, où c'est Arsinoé qui allègue l'impatience du roi ; Nicomède reprend malicieusement le même prétexte contre elle. Ce procédé est tout à fait comique, et Corneille le savait bien : il le savait d'autant mieux qu'il l'a employé dans *le Menteur* à la scène III de l'acte II où Alcippe et Clarice s'excusent tour à tour l'un à l'autre en disant : *Mon père va descendre.... Ton père va descendre....*

Les deux accusateurs que lui-même a produits,
Que pour l'assassiner je dois avoir séduits,   1070
Pour me calomnier subornés par lui-même,
N'ont su bien soutenir un si noir stratagème.
Tous deux m'ont accusée, et tous deux avoué[1]
L'infâme et lâche tour[2] qu'un prince m'a joué.
Qu'en présence des rois les vérités sont fortes!   1075
Que pour sortir d'un cœur elles trouvent de portes!
Qu'on en[3] voit le mensonge aisément confondu!
Tous deux vouloient me perdre, et tous deux l'ont perdu.

ATTALE

Je suis ravi de voir qu'une telle imposture
Ait laissé votre gloire et plus grande et plus pure; 1080
Mais pour l'examiner et bien voir ce que c'est,
Si vous pouviez vous mettre un peu hors d'intérêt,
Vous ne pourriez jamais, sans un peu de scrupule,
Avoir pour deux méchants une âme si crédule.
Ces perfides tous deux se sont dits aujourd'hui   1085
Et subornés par vous, et subornés par lui :
Contre tant de vertus, contre tant de victoires,
Doit-on quelque croyance à des âmes si noires?
Qui se confesse traître est indigne de foi.

ARSINOÉ

Vous êtes généreux, Attale, et je le voi[4],   1090
Même de vos rivaux la gloire vous est chère.

---

1. Ellipse. Ont avoué.

2. Ce mot, devenu plus tard très familier dans cette acception, est déjà dans *Horace* :

> Chaque instant de sa vie après ce lâche tour
> Met d'autant plus ma honte avec la sienne au jour. (Vers 1019.)

3. *En*, adverbe, c'est-à-dire *par là*; par la présence des rois, qui fait éclater la vérité.

4. Voyez ci-dessus note du vers 33.

ATTALE

Si je suis son rival, je suis aussi son frère[1] ;
Nous ne sommes qu'un sang, et ce sang dans mon cœur
A peine à le passer pour[2] calomniateur.

ARSINOÉ

Et vous en avez moins à me croire assassine[3],   1095
Moi dont la perte est sûre, à moins que sa ruine[4] ?

ATTALE

Si contre lui j'ai peine à croire ces témoins,
Quand ils vous accusoient je les croyois bien moins[5].
Votre vertu, Madame, est au-dessus du crime.
Souffrez donc que pour lui je garde un peu d'estime : 1100
La sienne[6] dans la cour lui fait mille jaloux,

---

1. VAR.   Si je suis son rival, Madame, il est mon frère.
                              (1651-1652.)

2. *Passer pour* (activement) signifie *regarder comme*.

Ils passent pour tyran quiconque s'y fait maître.
                              (*Cinna*, v. 485.)

La locution ayant vieilli, on a souvent écrit, mais à tort : *Il passe
pour tyran.*

3. Rare au féminin. Molière l'a employé, mais en forme de plaisanterie :

Que dit-elle de moi cette gente assassine ?
                              (*L'Étourdi*, v. 220.)

4. La tournure régulière et complète est *à moins que de* suivi d'un
substantif :

Un affront si cruel
Ne peut se réparer à moins que d'un duel.
                              (*Mélite*, variantes.)

A moins que devant un substantif peut être considéré comme une
ellipse.

5. VAR. Quand ils font contre vous je les crois beaucoup moins.
                              (1651-1656.)

6. *La sienne*, c'est-à-dire l'estime qu'on a pour lui ; voy. ci-dessus note
du vers 476.

Dont quelqu'un a voulu le perdre auprès de vous;
Et ce lâche attentat n'est qu'un trait de l'envie
Qui s'efforce à noircir une si belle vie.

    Pour moi, si par soi-même on peut juger d'autrui, 1105
Ce que je sens en moi, je le présume en lui.
Contre un si grand rival j'agis à force ouverte,
Sans blesser son honneur, sans pratiquer sa perte.
J'emprunte du secours, et le fais hautement;
Je crois qu'il n'agit pas moins généreusement, 1110
Qu'il n'a que les desseins où[1] sa gloire l'invite,
Et n'oppose à mes vœux que son propre mérite.

ARSINOÉ

Vous êtes peu du monde, et savez mal la cour[2].

ATTALE

Est-ce autrement qu'en prince on doit traiter l'amour?

ARSINOÉ

Vous le traitez, mon fils, et parlez en jeune homme. 1115

ATTALE

Madame, je n'ai vu que des vertus à Rome.

ARSINOÉ

Le temps vous apprendra par de nouveaux emplois[3]
Quelles vertus il faut à la suite des rois.
Cependant, si le Prince est encor votre frère,
Souvenez-vous aussi que je suis votre mère; 1120
Et malgré les soupçons que vous avez conçus,
Venez savoir du Roi ce qu'il croit là-dessus.

---

1. Voyez note sur le vers 26.

2. Aux yeux des moralistes, des sermonnaires et des poètes tragiques, la cour et le monde, c'est-à-dire le grand monde, sont traditionnellement le lieu d'élection du mensonge et de la fourberie. — Voir les peintures de la cour qu'ont tracées Bossuet, Bourdaloue, La Bruyère, etc.

3. C'est-à-dire en vous fournissant l'occasion de *vous employer*, de montrer votre savoir-faire en des occasions importantes.

FIN DU TROISIÈME ACTE

ACTE IV

SCÈNE PREMIÈRE

PRUSIAS, ARSINOÉ, ARASPE

PRUSIAS [1]

Faites venir le Prince, Araspe.
(Araspe rentre.)
Et vous, Madame,

Retenez des soupirs dont vous me percez l'âme.
Quel besoin d'accabler mon cœur de vos douleurs, 1125
Quand vous y pouvez tout sans le secours des pleurs?
Quel besoin que ces pleurs prennent votre défense?
Douté-je de son crime ou de votre innocence?

---

1. « Arsinoé joue précisément le rôle de la femme du *Malade imaginaire*, et Prusias celui du *malade* qui croit sa femme. Très souvent des scènes tragiques ont le même fond que des scènes de comédie : c'est alors qu'il faut faire les plus grands efforts pour fortifier par le style la faiblesse du sujet. On ne peut cacher entièrement le défaut; mais on l'orne, on l'embellit par le charme de la poésie : ainsi dans *Mithridate* (*où le Roi abuse Monime en feignant de l'inviter à aimer Xipharès*), dans *Britannicus* (*où Néron se cache derrière un rideau pour épier l'entretien de Junie avec Britannicus*). » (Voltaire.) — Sauf dans son admiration pour ces deux pièces, Voltaire se trompe absolument : l'art d'écrire, dans la tragédie comme ailleurs, ne consiste pas à dissimuler le fond par la forme; il consiste à l'exprimer.

Et reconnoissez-vous que tout ce qu'il m'a dit
Par quelque impression ébranle mon esprit?   1130

ARSINOÉ

Ah! Seigneur, est-il rien qui répare l'injure
Que fait à l'innocence un moment d'imposture?
Et peut-on voir mensonge assez tôt avorté
Pour rendre à la vertu toute sa pureté?
Il en reste toujours quelque indigne mémoire   1135
Qui porte une souillure à la plus haute gloire.
Combien en votre cour est-il de médisants?
Combien le Prince a-t-il d'aveugles partisans,
Qui sachant une fois qu'on m'a calomniée,
Croiront que votre amour m'a seul justifiée?   1140
Et si la moindre tache en demeure à mon nom,
Si le moindre du peuple en conserve un soupçon,
Suis-je digne de vous, et de telles alarmes
Touchent-elles trop peu pour mériter mes larmes?

PRUSIAS

Ah! c'est trop de scrupule, et trop mal présumer   1145
D'un mari qui vous aime et qui vous doit aimer.
La gloire est plus solide après la calomnie,
Et brille d'autant mieux qu'elle s'en vit ternie
Mais voici Nicomède, et je veux qu'aujourd'hui....

SCÈNE II

PRUSIAS, ARSINOÉ, NICOMÈDE,
ARASPE, Gardes.

ARSINOÉ

Grâce, grâce, Seigneur, à notre unique appui!   1150
Grâce à tant de lauriers en sa main si fertiles!

Grâce à ce conquérant, à ce preneur de villes[1]!
Grâce....

NICOMÈDE

De quoi, Madame? est-ce d'avoir conquis
Trois sceptres, que ma perte expose[2] à votre fils?
D'avoir porté si loin vos armes dans l'Asie,   1155
Que même votre Rome en a pris jalousie?
D'avoir trop soutenu la majesté des rois?
Trop rempli votre cour du bruit de mes exploits?
Trop du grand Annibal pratiqué les maximes?
S'il faut grâce pour moi, choisissez de mes crimes : 1160
Les voilà tous, Madame; et si vous y joignez
D'avoir cru des méchants par quelque autre gagnés,
D'avoir une âme ouverte, une franchise entière,
Qui dans leur artifice a manqué de lumière,
C'est gloire et non pas crime à qui ne voit le jour   1165
Qu'au milieu d'une armée et loin de votre cour,
Qui n'a que la vertu de son intelligence[3],

1. Le caractère d'Arsinoé est merveilleusement étudié. Avec quel art
et quelle perfidie elle affecte tantôt de craindre pour elle-même et tantôt
d'intercéder pour Nicomède, mais de telle façon qu'en paraissant le servir
elle redouble la colère et la jalousie de Prusias.

2. *Exposer* signifie ici *livrer à, faire tomber aux mains de*; ce sens
a vieilli, quoiqu'on dise encore : Daniel fut exposé aux lions.

3. VAR.   Qui ne sait qu'aller droit, ne craint que le tonnerre,
          Et n'a jamais appris que les ruses de guerre.
                              (1651-1656.)

Naudet, dans son édition de *Nicomède*, comprend mal le vers 1167 :
« Corneille a pris le mot de *vertu* dans le sens du latin *virtus*, force,
puissance; dans le sens qu'on lui donne aussi en français : *la vertu d'une
plante*. C'est comme s'il avait dit : Qui n'a pour se conduire que la force
de son intelligence. » C'est un contresens. Corneille veut dire : *que Nicomède n'a que la vertu qui soit d'intelligence avec lui;* tout le reste lui
est hostile. Comparer les vers suivants :

Pour peu que vous soyez de son intelligence.
                              (*Othon*, v. 1490.)

Traître, si tu n'étais de son intelligence.
                              (*Pertharite*, v. 1715.)

NICOMÈDE.   9

Et vivant sans remords marche sans défiance.

ARSINOÉ

Je m'en dédis, Seigneur : il n'est point criminel.
S'il m'a voulu noircir d'un opprobre éternel,   1170
Il n'a fait qu'obéir à la haine ordinaire
Qu'imprime à ses pareils le nom de belle-mère.
De cette aversion son cœur préoccupé
M'impute tous les traits dont il se sent frappé.
Que son maître Annibal, malgré la foi publique[1],   1175
S'abandonne aux fureurs[2] d'une terreur panique;
Que ce vieillard confie et gloire et liberté
Plutôt au désespoir qu'à l'hospitalité[3] :
Ces terreurs, ces fureurs sont de mon artifice.
Quelque appas[4] que lui-même il trouve en Laodice, 1180
C'est moi qui fais qu'Attale a des yeux comme lui;
C'est moi qui force Rome à lui servir d'appui;
De cette seule main part tout ce qui le[5] blesse;
Et pour venger ce maître et sauver sa maîtresse[6],
S'il a tâché, Seigneur, de m'éloigner de vous,   1185
Tout est trop excusable en un amant jaloux.
Ce foible et vain effort ne touche point mon âme.
Je sais que tout mon crime est d'être votre femme;
Que ce nom seul l'oblige à me persécuter;
Car enfin, hors de là, que peut-il m'imputer?   1190

Et dans *Nicomède* même, vers 1627-1628 :

> Vous accuserez Rome et promettrez vengeance
> Sur quiconque sera de son intelligence.

1. Malgré le droit des gens qui le couvrait.
2. *Fureurs*, au sens latin, c'est-à-dire folies.
3. C'est-à-dire : pour sauver sa gloire et sa liberté, ait recours au désespoir (au poison) plutôt qu'à l'hospitalité de Prusias.
4. Corneille écrit toujours *appas* au singulier comme au pluriel dans le sens d'*appât* et dans celui d'*appas*.
5. *Le* se rapporte à Nicomède; au vers précédent *lui* se rapporte à Attale.
6. Cette antithèse est déjà au vers 252.

Ma voix, depuis dix ans qu'il commande une armée,
A-t-elle refusé d'enfler sa renommée?
Et lorsqu'il l'a fallu puissamment secourir,
Que la moindre longueur l'auroit laissé périr,
Quel autre a mieux pressé les secours nécessaires ? 1195
Qui l'a mieux dégagé de ses destins contraires?
A-t-il eu près de vous un plus soigneux agent
Pour hâter les renforts et d'hommes et d'argent?
Vous le savez, Seigneur, et pour reconnoissance,
Après l'avoir servi de toute ma puissance,   1200
Je vois qu'il a voulu me perdre auprès de vous;
Mais tout est excusable en un amant jaloux :
Je vous l'ai déjà dit[1].

PRUSIAS

Ingrat! que peux-tu dire?

NICOMÈDE

Que la Reine a pour moi des bontés que j'admire.
Je ne vous dirai point que ces puissants secours   1205
Dont[2] elle a conservé mon honneur et mes jours,
Et qu'avec tant de pompe à vos yeux elle étale,
Travailloient par ma main à la grandeur d'Attale;
Que par mon propre bras elle amassoit pour lui,
Et préparoit dès-lors ce qu'on voit aujourd'hui :   1210
Par quelques sentiments qu'elle ait[3] été poussée,
J'en laisse le ciel juge, il connoît sa pensée;

1. C'est un chef-d'œuvre que ce discours; et le dernier trait est admirable. La reprise de Prusias est d'un comique achevé, du meilleur comique. (Voyez Notice sur *Nicomède*, p. 39.)

2. *Dont*, c'est-à-dire au moyen desquels. Le sens étymologique de *dont* (*de unde*) est *d'où*.

3. *Aye* dans le texte de Corneille; ancienne forme de *ait*, généralement préférée par lui. *Ait* est la forme étymologique (*habeat*); *aye* est la forme analogique. En effet, dans toutes les conjugaisons, la 1re et la 3e personne du singulier du subjonctif présent sont semblables (que j'aime, qu'il aime; que je finisse, qu'il finisse; que je reçoive, qu'il reçoive; que je rende, qu'il rende).

Il sait pour mon salut comme elle a fait des vœux ;
Il lui rendra justice, et peut-être à tous deux.

  Cependant, puisqu'enfin l'apparence est si belle, 1215
Elle a parlé pour moi, je dois parler pour elle,
Et pour son intérêt vous faire souvenir
Que vous laissez longtemps deux méchants à punir.
Envoyez Métrobate et Zénon au supplice.
Sa gloire attend de vous ce digne sacrifice ·   1220
Tous deux l'ont accusée ; et s'ils s'en sont dédits
Pour la faire innocente et charger votre fils,
Ils n'ont rien fait pour eux, et leur mort est trop juste
Après s'être joués[1] d'une personne auguste.
L'offense une fois faite à ceux de notre rang   1225
Ne se répare point que par des flots de sang[2] :
On n'en fut jamais quitte ainsi pour s'en dédire.
Il faut sous les tourments que l'imposture expire ;
Ou vous exposeriez tout votre sang royal
A la légèreté d'un esprit déloyal.   1230
L'exemple est dangereux et hasarde nos vies,
S'il met en sûreté de telles calomnies.

ARSINOÉ

Quoi ? Seigneur, les punir de la sincérité[3]
Qui soudain dans leur bouche a mis la vérité,
Qui vous a contre moi sa fourbe découverte[4],   1235

---

1. Après qu'ils se sont joués. Le sujet de *s'être joués* est sous-entendu,
ou implicitement contenu dans *leur* qui précède. Corneille use souvent
de ces tournures que la grammaire actuelle interdit. Fulvie dit dans
Cinna : Elle a (*votre haine*) pour la blâmer (*pour que je la blâme*) une
trop juste cause (vers 58).

2. Ne se répare point sinon par... Aujourd'hui *point* forme ici pléonasme.

3. Arsinoé craint que Métrobate et Zénon, intimidés à la vue des sup-
plices, ne trahissent sa complicité avec eux (voy. vers 333).

4. Cette construction du participe passé, fréquente encore chez Corneille, commençait à vieillir.

Aucun étonnement n'a leur gloire flétrie.
(*Horace*, 961.)

Qui vous rend votre femme et m'arrache à ma perte,
Qui vous a retenu d'en prononcer l'arrêt,
Et couvrir tout cela de mon seul intérêt !
C'est être trop adroit, Prince, et trop bien l'entendre[1].

PRUSIAS

Laisse là Métrobate, et songe à te défendre :   1240
Purge-toi d'un forfait si honteux et si bas.

NICOMÈDE

M'en purger ! moi, Seigneur ! vous ne le croyez pas[2] !
Vous ne savez que trop qu'un homme de ma sorte,
Quand il se rend coupable, un peu plus haut se porte ;
Qu'il lui faut un grand crime à[3] tenter son devoir, 1245
Où sa gloire se sauve à l'ombre du pouvoir[4].
     Soulever votre peuple, et jeter votre armée
Dedans[5] les intérêts d'une reine opprimée ;
Venir, le bras levé, la tirer de vos mains,
Malgré l'amour d'Attale et l'effort des Romains,   1250

---

1. *L'entendre*, c'est-à-dire *entendre la chose*. *Le* est neutre, comme dans *l'emporter*.

2. L'explosion est belle, digne de Nicomède et de sa mâle franchise. Voltaire, qui n'admire rien dans la pièce, admire ce vers. Il avait même emprunté le second hémistiche pour l'insérer dans son *Œdipe*:

> Qui ! moi, de tels forfaits ! moi, des assassinats !
> Et que de votre époux... Vous ne le croyez pas !

Se purger dans ce sens (*se justifier*) est encore dans l'*Essai sur les Mœurs* de Voltaire · « Dans les causes criminelles indécises on se purgeait par serment. »

3. *A* équivaut à *pour*, voy. note sur le vers 46.

4. Un grand crime où sa gloire, etc. Ainsi Nicomède lui-même avance que le pouvoir acquis par un grand crime protège la gloire du coupable. Ces idées machiavéliques reviennent fréquemment dans la tragédie classique ; on les estimait de mise dans les cours.

> Tous ces crimes d'État qu'on fait pour la couronne,
> Le ciel nous en absout alors qu'il nous la donne.
> (*Cinna*, vers 1610.)

Voy. ci-dessus note sur le vers 432.

5. Voy. ci-dessus note sur le vers 283.

Et fondre en vos pays contre leur tyrannie
Avec tous vos soldats et toute l'Arménie,
C'est ce que pourroit faire un homme tel que moi,
S'il pouvoit se résoudre à vous manquer de foi.
La fourbe n'est le jeu que des petites âmes,   1255
Et c'est là proprement le partage des femmes [1]
    Punissez donc, Seigneur, Métrobate et Zénon ;
Pour la Reine ou pour moi, faites-vous-en raison.
A ce dernier moment la conscience presse ;
Pour rendre compte aux Dieux tout respect humain [2] cesse ;
Et ces esprits légers, approchant des abois [3],
Pourroient bien se dédire une seconde fois.

ARSINOÉ

Seigneur....

NICOMÈDE

    Parlez, Madame, et dites quelle cause
A leur juste supplice obstinément s'oppose ;
Ou laissez-nous penser qu'aux portes du trépas   1265
Ils auroient des remords qui ne vous plairoient pas.

ARSINOÉ

Vous voyez à quel point sa haine m'est cruelle ·
Quand je le justifie, il me fait criminelle ;
Mais sans doute, Seigneur, ma présence l'aigrit,
Et mon éloignement remettra son esprit ;   1270
Il rendra quelque calme à son cœur magnanime,
Et lui pourra sans doute épargner plus d'un crime.
    Je ne demande point que par compassion

---

1. Ici comme au vers 941, Nicomède nous semble franchir un peu la limite permise à la plus juste indignation.

2. Tout respect ou crainte des hommes

3. Le cerf est *aux abois* lorsque les chiens le pressent en *aboyant* avec violence. De là le sens figuré du mot, qui signifie souvent dans Corneille · péril imminent, danger mortel.

Vous assuriez un sceptre à ma protection[1],
Ni que pour garantir la personne d'Attale,   1275
Vous partagiez entre eux la puissance royale;
Si vos amis de Rome en ont pris quelque soin,
C'étoit sans mon aveu, je n'en ai pas besoin.
Je n'aime point si mal que de ne vous pas suivre,
Sitôt qu'entre mes bras vous cesserez de vivre;   1280
Et sur votre tombeau mes premières douleurs
Verseront tout ensemble et mon sang et mes pleurs.

PRUSIAS

Ah! Madame.

ARSINOÉ

    Oui, Seigneur, cette heure infortunée
Par vos[2] derniers soupirs clora ma destinée;
Et puisque ainsi jamais il ne sera mon roi,   1285
Qu'ai-je à craindre de lui? que peut-il contre moi?
Tout ce que je demande en faveur de ce gage[3],
De ce fils qui déjà lui donne tant d'ombrage,
C'est que chez les Romains il retourne achever

1. Pour me protéger. Comparez l'admirable scène du *Malade imagi-*
naire :
BÉLINE. — Mon Dieu! il ne faut point vous tourmenter de tout cela.
S'il vient faute de vous, mon fils, je ne veux plus rester au monde.
ARGAN. — Mamie!
BÉLINE. — Oui, mon ami, si je suis assez malheureuse pour vous per-
dre....
ARGAN. — Ma chère femme!
BÉLINE. — La vie ne me sera plus de rien.
ARGAN. — Mamour!
BÉLINE. — Et je suivrai vos pas pour vous faire connaître la tendresse que j'ai pour vous.
ARGAN. — Mamie, vous me fendez le cœur!
2. Thomas Corneille (1692) et Voltaire dans son édition de Corneille
substituent *mes* à *vos*, bien à tort; car ce vers ainsi modifié n'exprime
plus qu'une platitude (ma vie finira par ma mort). Arsinoé veut dire et
dit : Votre mort finira ma vie.
3. De ce gage de notre hymen, Attale. Ainsi *pignus* en latin signifie
gage et *enfant*..

Des jours que dans leur sein vous fîtes élever; 1290
Qu'il retourne y traîner, sans péril et sans gloire,
De votre amour pour moi l'impuissante mémoire.
Ce grand prince vous sert, et vous servira mieux
Quand il n'aura plus rien qui lui blesse les yeux;
Et n'appréhendez point Rome ni sa vengeance; 1295
Contre tout son pouvoir il a trop de vaillance :
Il sait tous les secrets du fameux Annibal,
De ce héros à Rome en tous lieux si fatal,
Que l'Asie et l'Afrique admirent l'avantage
Qu'en tire Antiochus, et qu'en reçut Carthage[1] 1300
   Je me retire donc, afin qu'en liberté
Les tendresses du sang pressent votre bonté;
Et je ne veux plus voir ni qu'en votre présence
Un prince que j'estime indignement m'offense,
Ni que je sois forcée à vous mettre en courroux 1305
Contre un fils si vaillant et si digne de vous.

SCÈNE III

PRUSIAS, NICOMÈDE, ARASPE.

PRUSIAS

Nicomède, en deux mots, ce désordre me fâche.
Quoi qu'on t'ose imputer, je ne te crois point lâche,
Mais donnons quelque chose à Rome, qui se plaint,
Et tâchons d'assurer[2] la Reine, qui te craint. 1310

---

1. Quel chef-d'œuvre d'ironie et de perfidie qu'un tel discours!
2. *Assurer* au sens de rassurer. « Ce n'est pas français », dit Voltaire,
oubliant que Pascal, Boileau, Racine l'ont employé de la même façon.

    O bonté qui m'assure autant qu'elle m'honore.
                (Racine, *Esther*, vers 685.)
Et dans *Athalie* :

    Princesse, assurez-vous, je les prends sous ma garde.
                (Vers 619.)

J'ai tendresse pour toi, j'ai passion pour elle;
Et je ne veux pas voir cette haine éternelle,
Ni que des sentiments que j'aime à voir durer[1]
Ne règnent dans mon cœur que pour le déchirer.
J'y veux mettre d'accord l'amour et la nature,   1315
Être père et mari dans cette conjoncture....

NICOMÈDE

Seigneur, voulez-vous bien vous en fier à moi?
Ne soyez l'un ni l'autre.

PRUSIAS
Et que dois-je être?

NICOMÈDE
Roi

Reprenez hautement ce noble caractère.
Un véritable roi n'est ni mari ni père;   1320
Il regarde son trône, et rien de plus. Régnez;
Rome vous craindra plus que vous ne la craignez
Malgré cette puissance et si vaste et si grande[2],
Vous pouvez déjà voir comme elle m'appréhende,
Combien en me perdant elle espère gagner,   1325
Parce qu'elle prévoit que je saurai régner.

PRUSIAS

Je règne donc, ingrat! puisque tu me l'ordonnes :
Choisis, ou Laodice, ou mes quatre couronnes.
Ton roi fait ce partage entre ton frère et toi :
Je ne suis plus ton père, obéis à ton roi.   1330

---

1. Les grammairiens ont interdit à tort cette tournure excellente qui donne pour compléments au même verbe d'abord un substantif, ensuite une proposition subordonnée. Cette construction est partout au XVIIe siècle. Voyez note sur le vers 18.

2. VAR.   Elle qui vous menace, elle qui vous gourmande,
          Voyez-vous pas déjà comme elle m'appréhende?
                                        (1651-1656.)

NICOMÈDE

Si vous étiez aussi le roi de Laodice,
Pour l'offrir à mon choix avec quelque justice,
Je vous demanderois le loisir d'y penser,
Mais enfin pour vous plaire, et ne pas l'offenser,
J'obéirai, Seigneur, sans répliques frivoles,   1335
A vos intentions, et non à vos paroles.
   A ce frère si cher transportez tous mes droits,
Et laissez Laodice en liberté du choix.
Voilà quel est le mien.

PRUSIAS

                    Quelle bassesse d'âme,
Quelle fureur t'aveugle en faveur d'une femme[1]?   1340
Tu la préfères, lâche! à ces prix glorieux
Que ta valeur unit au bien de tes aïeux!
Après cette infamie es-tu digne de vivre?

NICOMÈDE

Je crois que votre exemple est glorieux à suivre ·
Ne préférez-vous pas une femme à ce fils   1345
Par qui tous ces États aux vôtres sont unis?

PRUSIAS

Me vois-tu renoncer pour elle au diadème?

NICOMÈDE

Me voyez-vous pour l'autre y renoncer moi-même?
Que cédé-je à mon frère en cédant vos États?
Ai-je droit d'y prétendre avant votre trépas?   1350
Pardonnez-moi ce mot, il est fâcheux à dire,
Mais un monarque enfin comme un autre homme expire;
Et vos peuples alors, ayant besoin d'un roi,
Voudront choisir peut-être entre ce prince et moi.
   Seigneur, nous n'avons pas si grande ressemblance,

1. VAR.   Quelle fureur t'aveugle en vertu d'une femme?
                                        (1651-1652.)

Qu'il faille de bons yeux pour y voir différence ;
Et ce vieux droit d'aînesse est souvent si puissant,
Que pour remplir un trône[1] il rappelle un absent.
Que si leurs sentiments se règlent sur les vôtres,
Sous le joug de vos lois j'en ai bien rangé d'autres ; 1360
Et dussent vos Romains en être encor jaloux,
Je ferai bien pour moi ce que j'ai fait pour vous.

PRUSIAS

J'y donnerai bon ordre.

NICOMÈDE

        Oui, si leur artifice[2]
De votre sang par vous se fait un sacrifice ;
Autrement vos États à ce prince livrés   1365
Ne seront en ses mains qu'autant que vous vivrez.
Ce n'est point en secret que je vous le déclare ;
Je le dis à lui-même, afin qu'il s'y prépare.
Le voilà qui m'entend.

PRUSIAS

        Va, sans verser mon sang,
Je saurai bien, ingrat ! l'assurer[3] en ce rang ;   1370
Et demain....

SCÈNE IV

**PRUSIAS, NICOMÈDE, ATTALE, FLAMINIUS,
ARASPE, Gardes.**

FLAMINIUS

        Si pour moi vous êtes en colère,
Seigneur, je n'ai reçu qu'une offense légère.

---

1. On disait *remplir le trône* comme on disait *dans le trône* ; voyez ci-dessus noté sur le vers 881.

2. *Leur* se rapporte à Attale et Arsinoé. Si ces perfides s'immolent à eux-mêmes votre propre sang (Nicomède) par vos mains.

3. *L'assurer*, l'affermir.

Le sénat en effet pourra s'en indigner;
Mais j'ai quelques amis qui sauront le gagner.

PRUSIAS

Je lui ferai raison; et dès demain Attale   1375
Recevra de ma main la puissance royale :
Je le fais roi de Pont, et mon seul héritier;
Et quant à ce rebelle, à ce courage fier,
Rome entre vous et lui jugera de l'outrage .
Je veux qu'au lieu d'Attale il lui serve d'otage;   1380
Et pour l'y mieux conduire, il vous sera donné[1],
Sitôt qu'il aura vu son frère couronné.

NICOMÈDE

Vous m'envoirez[2] à Rome!

PRUSIAS

On t'y fera justice.
Va, va lui demander ta chère Laodice.

NICOMÈDE

J'irai, j'irai, Seigneur, vous le voulez ainsi;   1385
Et j'y serai plus roi que vous n'êtes ici.

FLAMINIUS

Rome sait vos hauts faits, et déjà vous adore[3].

NICOMÈDE

Tout beau[4], Flaminius! je n'y suis pas encore :

1. Voltaire blâme cette subite résolution de Prusias. Elle est fort expli-
cable   il hait Nicomède, et n'ose l'assassiner . quel moyen lui reste-t-il
pour s'en débarrasser et satisfaire Arsinoé que de le livrer aux Romains?
Le sujet de *conduire* est Flaminius, qui n'est pas le sujet de la phrase
principale. Voyez sur cette tournure note sur le vers 1224.

2. *J'envoierai*, futur régulier d'*envoyer*, est la seule forme employée
par Corneille; on écrivait généralement *j'envoirai*; la diphtongue *oi*
changée en *ai* a donné la forme *envairrai*, qui s'est écrite ensuite
enverrai. Cette nouvelle forme de futur (d'où s'est formé le conditionnel
j'enverrais), peu usitée au XVIIe siècle, a dominé presque exclusivement
dès les premières années du XVIIIe.

3. C'est-à-dire : vous salue avec respect.

4. C'est-à-dire : Tout doucement (on disait aussi aller *tout bellement,*

La route en est mal sûre, à tout considérer [1],
Et qui m'y conduira pourroit bien s'égarer.   1390

PRUSIAS

Qu'on le remène [2], Araspe, et redoublez sa garde.
Toi [3], rends grâces à Rome, et sans cesse regarde
Que comme son pouvoir est la source du tien,
En perdant son appui tu ne seras plus rien.
   Vous, Seigneur, excusez si, me trouvant en peine
De quelques déplaisirs que m'a fait voir la Reine,
Je vais l'en consoler, et vous laisse avec lui.
Attale, encore un coup [4], rends grâce à ton appui.

SCÈNE V

FLAMINIUS, ATTALE.

ATTALE

Seigneur, que vous dirai-je après des avantages
Qui sont même trop grands pour les plus grands courages [5].
Vous n'avez point de borne, et votre affection
Passe votre promesse et mon ambition.
Je l'avouerai pourtant, le trône de mon père

---

au xvi° siècle). Cette locution plaisait à Corneille, qui l'a employée souvent dans les passages les plus pathétiques de ses tragédies. Mais les
chasseurs criaient : Tout beau! à leurs chiens pour les retenir. Cet
emploi du mot l'a fait bannir du style noble.

1 VAR.   Le voyage est si long qu'avant que d'arriver,
            Qui le commence bien peut le mal achever.
                                        (1651-1656.)

2. Synonyme de *remmener*, quoique Vaugelas veuille trouver entre
ces deux mots des nuances de sens insaisissables. (Voy. édit. Chassang,
II, 394.)
3. Prusias parle à Attale.
4. Voyez ci-dessus note des vers 202 et 902.
5. Qui passent l'ambition des plus grands cœurs.

Ne fait pas le bonheur que plus[1] je considère :
Ce qui touche mon cœur, ce qui charme mes sens, 1405
C'est Laodice acquise à mes vœux innocents.
La qualité de roi qui me rend digne d'elle....

FLAMINIUS

Ne rendra pas son cœur à vos vœux moins rebelle.

ATTALE

Seigneur, l'occasion fait un cœur différent :
D'ailleurs, c'est l'ordre exprès de son père mourant ; 1410
Et par son propre aveu la reine d'Arménie
Est due à l'héritier du roi de Bithynie.

FLAMINIUS

Ce n'est pas loi[2] pour elle ; et reine comme elle est,
Cet ordre, à bien parler, n'est que ce qu'il lui plaît[3].
Aimeroit-elle en vous l'éclat d'un diadème   1415
Qu'on vous donne aux dépens d'un grand prince qu'elle
En vous qui la privez d'un si cher protecteur?   [aime?
En vous qui de sa chute[4] êtes l'unique auteur?

ATTALE

Ce prince hors d'ici, Seigneur, que fera-t-elle?
Qui contre Rome et nous soutiendra sa querelle?   1420
Car j'ose me promettre encor votre secours.

FLAMINIUS

Les choses quelquefois prennent un autre cours;
Pour ne vous point flatter, je n'en veux pas répondre.

---

1. *Plus* pour *le plus*, et tous les emplois du comparatif pour le superlatif sont très fréquents au xvi° et au xvii° siècle. Cependant Corneille a corrigé plusieurs fois cette tournure dans l'édition qu'il donna de ses œuvres en 1660.

2. Sur cet emploi du substantif sans aucun déterminatif, voyez ci-dessus les vers 73, 278, 759, 826, 1311.

3. VAR.   Cet ordre, cet aveu, n'est que ce qu'il lui plaît.
                                        (1651-1656.)

4. *Sa chute* se rapporte à Nicomède.

ATTALE

Ce seroit bien, Seigneur, de tout point me confondre,
Et je serois moins roi qu'un objet de pitié,   1425
Si le bandeau royal m'ôtoit votre amitié.
Mais je m'alarme trop, et Rome est plus égale[1] :
N'en avez-vous pas l'ordre?

FLAMINIUS

                    Oui, pour le prince Attale,
Pour un homme en son sein nourri dès le berceau ;
Mais pour le roi de Pont il faut ordre nouveau[2].   1430

ATTALE

Il faut ordre nouveau! Quoi? se pourroit-il faire
Qu'à l'œuvre de ses mains Rome devînt contraire?
Que ma grandeur naissante y fît quelques jaloux?

FLAMINIUS

Que présumez-vous, Prince? et que me dites-vous?

ATTALE

Vous-même dites-moi comme il faut que j'explique 1435
Cette inégalité de votre république.

FLAMINIUS

Je vais vous l'expliquer, et veux bien vous guérir
D'une erreur dangereuse où vous semblez courir.
    Rome, qui vous servoit auprès de Laodice,
Pour vous donner son trône eût fait une injustice : 1440
Son amitié pour vous lui faisoit cette loi ;
Mais par d'autres moyens elle vous a fait roi ;
Et le soin de sa gloire à présent la dispense
De se porter pour vous à cette violence.
Laissez donc cette reine en pleine liberté,   1445

---

1. *Égale*, c'est-à-dire constante en sa politique, en ses alliances.
2. Voy. ci-dessus les vers 73, 278, 759, 826, 1311 et 1413, où se rencontre le même emploi du substantif sans déterminatif

Et tournez vos desirs de quelque autre côté.
Rome de votre hymen prendra soin elle-même.

ATTALE

Mais s'il arrive enfin que Laodice m'aime?

FLAMINIUS

Ce seroit mettre encor Rome dans le hasard
Que l'on crût artifice ou force [1] de sa part :   1450
Cet hymen jetteroit une ombre sur sa gloire.
Prince, n'y pensez plus, si vous m'en pouvez croire;
Ou si de mes conseils vous faites peu d'état [2],
N'y pensez plus du moins sans l'aveu du sénat.

ATTALE

A voir quelle froideur à tant d'amour succède,   1455
Rome ne m'aime pas : elle hait Nicomède [3];
Et lorsqu'à mes desirs elle a feint d'applaudir,
Elle a voulu le perdre, et non pas m'agrandir.

FLAMINIUS

Pour ne vous faire pas de réponse trop rude
Sur ce beau coup d'essai de votre ingratitude,   1460
Suivez votre caprice, offensez vos amis :
Vous êtes souverain, et tout vous est permis;
Mais puisqu'enfin ce jour vous doit faire connoître
Que Rome vous a fait ce que vous allez être [4],
Que perdant son appui vous ne serez plus rien,   1465
Que le Roi vous l'a dit [5], souvenez-vous-en bien.

1. Voy. ci-dessus, note du vers 1430, l'indication des vers où se rencontre également l'emploi du substantif sans déterminatif.
2. Voy. ci-dessus note du vers 539.
3. Beau vers qui résume bien toute une situation et prépare le changement d'Attale.
4. Sur la rime d'*être* avec *connoître*, voy. ci-dessus note du vers 208.
5. Voy. ci-dessus vers 1391

SCÈNE VI

ATTALE.

Attale, étoit-ce ainsi que régnoient tes ancêtres?
Veux-tu le nom de roi pour avoir tant de maîtres?
Ah! ce titre à ce prix déjà m'est importun :
S'il nous en faut avoir, du moins n'en ayons qu'un. 1470
Le ciel nous l'a donné trop grand, trop magnanime,
Pour souffrir qu'aux Romains il serve de victime.
Montrons-leur hautement que nous avons des yeux,
Et d'un si rude joug affranchissons ces lieux [1].
Puisqu'à leurs intérêts tout ce qu'ils font s'applique, 1475
Que leur vaine amitié cède à leur politique,
Soyons à notre tour de leur grandeur jaloux,
Et comme ils font pour eux faisons aussi pour nous [2].

1. VAR.   Pour les connoître mal j'ai trop vécu chez eux.
                              (1651-1656.)

2. Sans doute le changement d'Attale n'a rien qui nous le rende admirable, puisqu'il se tourne du côté de Nicomède seulement quand il s'aperçoit que les Romains se sont joués de lui; mais cette conversion peu méritoire est du moins parfaitement naturelle; elle amène un dénouement de la pièce vraisemblable et satisfaisant. Si Attale était tout à fait généreux et désintéressé dans cette occasion, Nicomède aurait eu grand tort en le traitant plusieurs fois avec une si hautaine impertinence.

FIN DU QUATRIÈME ACTE

ACTE V

SCÈNE PREMIÈRE

ARSINOÉ, ATTALE.

ARSINOÉ

J'ai prévu ce tumulte[1], et n'en vois rien à craindre :
Comme un moment l'allume, un moment peut l'éteindre,
Et si l'obscurité laisse croître ce bruit,
Le jour dissipera les vapeurs de la nuit.
Je me fâche bien moins qu'un peuple se mutine,
Que de voir que ton cœur dans son amour s'obstine,
Et d'une indigne ardeur lâchement embrasé,   1485
Ne rend point de mépris à qui t'a méprisé.
Venge-toi d'une ingrate, et quitte une cruelle,
A présent que le sort t'a mis au-dessus d'elle.
Son trône, et non ses yeux, avoit dû te charmer :

---

1. Une sédition peut paraître un moyen trop aisé de dénouer une tragédie ; mais ici la sédition est prévue, et Corneille a eu soin de l'annoncer :

> Le peuple ici vous aime, et hait ces cœurs infâmes ;
> Et c'est être bien fort que régner sur tant d'âmes.
>
> (Vers 115-116.)
>
> Il est le Dieu du peuple et celui des soldats.
> Sûr de ceux-ci, sans doute il vient soulever l'autre.
>
> (Vers 450-451.)

Tu vas régner sans elle; à quel propos l'aimer?   1490
Porte, porte ce cœur à de plus douces chaînes.
Puisque te voilà roi, l'Asie a d'autres reines,
Qui loin de te donner des rigueurs à souffrir[1],
T'épargneront bientôt la peine de t'offrir.

ATTALE

Mais, Madame....

ARSINOÉ

            Eh bien! soit, je veux qu'elle se rende :
Prévois-tu les malheurs qu'ensuite j'appréhende?
Sitôt que d'Arménie elle t'aura fait roi,
Elle t'engagera dans sa haine pour moi.
Mais, ô Dieux! pourra-t-elle y borner sa vengeance?
Pourras-tu dans son lit dormir en assurance?   1500
Et refusera-t-elle à son ressentiment
Le fer ou le poison pour venger son amant?
Qu'est-ce qu'en sa fureur une femme n'essaie[2]?

ATTALE

Que de fausses raisons pour me cacher la vraie!
Rome, qui n'aime pas à voir un puissant roi,   1505
L'a craint en Nicomède et le craindroit en moi.
Je ne dois plus prétendre à l'hymen d'une reine,
Si je ne veux déplaire à notre souveraine;
Et puisque la fâcher ce seroit me trahir,
Afin qu'elle me souffre, il vaut mieux obéir.   1510
Je sais par quels moyens sa sagesse profonde
S'achemine à grands pas à l'empire du monde.
Aussitôt qu'un État devient un peu trop grand,
Sa chute doit guérir l'ombrage qu'elle en prend.
C'est blesser les Romains que faire une conquête,   1515

---

1. VAR.   Qui n'auront point pour toi de rigueurs à souffrir,
           Et t'offriront les vœux que tu lui vas offrir.
                                        (1651-1656.)

2. ... *Notumque furens quid femina possit.* (Virgile, *Enéide*, V, 6.)

Que mettre trop de bras sous une seule tête ;
Et leur guerre est trop juste, après cet attentat
Que fait sur leur grandeur un tel crime d'État.
Eux, qui pour gouverner sont les premiers des hommes,
Veulent que sous leur ordre on soit ce que nous sommes,
Veulent sur tous les rois un si haut ascendant [1]
Que leur empire seul demeure indépendant.
    Je les connois, Madame, et j'ai vu cet ombrage
Détruire Antiochus, et renverser Carthage
De peur de choir comme eux, je veux bien m'abaisser,
Et cède à des raisons que je ne puis forcer [2].
D'autant plus justement mon impuissance y cède,
Que je vois qu'en leurs mains on livre Nicomède.
Un si grand ennemi leur répond de ma foi ;
C'est un lion tout prêt à déchaîner sur moi.   1530

ARSINOÉ

C'est de quoi je voulois vous faire confidence ;
Mais vous me ravissez d'avoir cette prudence.
Le temps pourra changer ; cependant prenez soin
D'assurer des jaloux dont vous avez besoin [3].

---

1. En termes d'astrologie, l'ascendant est le signe du zodiaque qui
monte sur l'horizon au premier instant de la naissance d'un homme ; on
crut que le caractère et la destinée dépendaient de cette coïncidence, et
ascendant prit le sens d'*influence sidérale* et ensuite le sens général
d'*influence*.

2. *Forcer*, vaincre.

> Pour forcer mon devoir, pour m'imposer silence.
> (*Le Cid*, vers 1554.)

> Apprends d'elle à forcer ton propre sentiment.
> (*Polyeucte*, 1601.)

3. Il n'y a rien de mystérieux dans cette phrase, dont Voltaire dit
« qu'elle est inintelligible quelque sens qu'on y donne ». Elle signifie :
prenez soin de rassurer les Romains, ces maîtres jaloux, dont vous avez
besoin. *Assurer* au sens de *rassurer* est plus haut, vers 1310.

SCÈNE II

FLAMINIUS, ARSINOÉ, ATTALE

ARSINOÉ

Seigneur, c'est remporter une haute victoire   1535
Que de rendre un amant capable de me croire :
J'ai su le ramener aux termes du devoir,
Et sur lui la raison a repris son pouvoir.

FLAMINIUS

Madame, voyez donc si vous serez capable
De rendre également ce peuple raisonnable.   1540
Le mal croît ; il est temps d'agir de votre part,
Ou quand vous le voudrez, vous le voudrez trop tard.
Ne vous figurez plus que ce soit le confondre
Que de le laisser faire et ne lui point répondre.
Rome autrefois a vu de ces émotions,   1545
Sans embrasser jamais vos résolutions.
Quand il falloit calmer toute une populace,
Le sénat n'épargnoit promesse ni menace,
Et rappeloit par là son escadron mutin
Et du mont Quirinal et du mont Aventin [1],   1550
Dont [2] il l'auroit vu faire une horrible descente,
S'il eût traité longtemps sa fureur d'impuissante
Et l'eût abandonnée à sa confusion,
Comme vous semblez faire en cette occasion.

ARSINOÉ

Après ce grand exemple en vain on délibère ·   1555
Ce qu'a fait le sénat montre ce qu'il faut faire ;
Et le Roi.... Mais il vient.

---

1. La plèbe révoltée contre les patriciens s'était retranchée sur ces
deux collines.

2. *Dont*, c'est-à-dire *d'où*. C'est le sens étymologique : *dont* vient de
de unde.

SCÈNE III

PRUSIAS, ARSINOÉ, FLAMINIUS, ATTALE

PRUSIAS

Je ne puis plus douter,
Seigneur, d'où vient le mal que je vois éclater :
Ces mutins ont pour chefs les gens de Laodice.

FLAMINIUS

J'en avois soupçonné déjà son artifice.   1560

ATTALE

Ainsi votre tendresse et vos soins sont payés !

FLAMINIUS

Seigneur, il faut agir; et si vous m'en croyez....

SCÈNE IV

PRUSIAS, ARSINOÉ, FLAMINIUS, ATTALE,
CLÉONE

CLÉONE

Tout est perdu, Madame, à moins d'un prompt remède :
Tout le peuple à grands cris demande Nicomède ;
Il commence lui-même à se faire raison,   1565
Et vient de déchirer Métrobate et Zénon.

ARSINOÉ

Il n'est donc plus à craindre, il a pris ses victimes :
Sa fureur sur leur sang va consumer ses crimes [1] ;

---

1. La langue avait longtemps confondu *consommer* et *consumer*, que Vaugelas voulut distinguer dans ses *Remarques*. Il veut que *consumer* signifie *détruire*, et *consommer*, *parfaire et achever*. Consommer conviendrait mieux dans ce vers que *consumer* si l'on accepte cette distinction.

Elle s'applaudira de cet illustre effet,
Et croira Nicomède amplement satisfait.   1570

FLAMINIUS

Si ce désordre étoit sans chefs et sans conduite,
Je voudrois, comme vous, en craindre moins la suite :
Le peuple par leur mort pourroit s'être adouci ;
Mais un dessein formé ne tombe pas ainsi :
Il suit toujours son but jusqu'à ce qu'il l'emporte [1] ; 1575
Le premier sang versé rend sa fureur plus forte ;
Il l'amorce, il l'acharne, il en éteint l'horreur,
Et ne lui laisse plus ni pitié ni terreur.

SCÈNE V

PRUSIAS, FLAMINIUS, ARSINOÉ, ATTALE, CLÉONE, ARASPE

ARASPE

Seigneur, de tous côtés le peuple vient en foule ;
De moment en moment votre garde s'écoule ;   1580
Et suivant les discours qu'ici même j'entends,
Le Prince entre mes mains ne sera pas longtemps ;
Je n'en puis plus répondre.

PRUSIAS

       Allons, allons le rendre,
Ce précieux objet d'une amitié si tendre.
Obéissons, Madame, à ce peuple sans foi,   1585

---

1. Voltaire dit : « On n'emporte point un but ». Mais ici *le* ne se rapporte point à *but*; *le* est neutre et *l'emporter* est un gallicisme qui signifie vaincre.

    Enfin vous l'emportez, et la faveur du roi
    Vous élève en un rang qui n'était dù qu'à moi.
                (*Le Cid,* v. 151.)

Qui las de m'obéir, en veut faire son roi,
Et du haut d'un balcon, pour calmer la tempête,
Sur ses nouveaux sujets faisons voler sa tête[1].

ATTALE

Ah ! Seigneur.

PRUSIAS

C'est ainsi qu'il lui sera rendu :
A qui le cherche ainsi, c'est ainsi qu'il est dû.   1590

ATTALE

Ah ! Seigneur, c'est tout perdre, et livrer à sa rage
Tout ce qui de plus près touche votre courage[2] ;
Et j'ose dire ici que Votre Majesté[3]
Aura peine elle-même à trouver sûreté.

PRUSIAS

Il faut donc se résoudre à tout ce qu'il m'ordonne, 1595
Lui rendre Nicomède avecque[4] ma couronne :
Je n'ai point d'autre choix ; et s'il est le plus fort,
Je dois à son idole ou mon sceptre ou la mort.

FLAMINIUS

Seigneur, quand ce dessein auroit quelque justice,
Est-ce à vous d'ordonner que ce prince périsse ?   1600
Quel pouvoir sur ses jours vous demeure permis?
C'est l'otage de Rome, et non plus votre fils :
Je dois m'en souvenir, quand son père l'oublie.
C'est attenter sur nous qu'ordonner de sa vie ;

1. Les esprits pusillanimes et lâches sont les plus violents lorsqu'ils ont peur. Au reste Prusias hait Nicomède autant qu'il le craint.

2. *Votre courage*, c'est-à-dire votre cœur (il s'agit de la reine).

3. VAR.   Flaminius, la Reine et Votre Majesté.
                              (1651-1656.)

4. *Avecque*, archaïsme. Vaugelas dit encore dans ses *Remarques* (1647) : « Avec et avecque ; tous deux sont bons ». Corneille, après avoir employé *avecque* dans nombre d'endroits, l'a corrigé presque partout en 1660.

J'en dois compte au sénat, et n'y puis consentir.   1605
Ma galère est au port toute prête à partir ;
Le palais y répond par la porte secrète :
Si vous le voulez perdre, agréez ma retraite ;
Souffrez que mon départ fasse connoître à tous
Que Rome a des conseils[1] plus justes et plus doux ;1610
Et ne l'exposez pas à ce honteux outrage
De voir à ses yeux même immoler son otage.

ARSINOÉ

Me croirez-vous, Seigneur, et puis-je m'expliquer ?

PRUSIAS

Ah ! rien de votre part ne sauroit me choquer :
Parlez.

ARSINOÉ

      Le ciel m'inspire un dessein dont[2] j'espère   1615
Et satisfaire Rome et ne pas vous déplaire.
   S'il est prêt à partir, il peut en ce moment
Enlever avec lui son otage aisément :
Cette porte secrète ici nous favorise ;
Mais pour faciliter d'autant mieux l'entreprise,   1620
Montrez-vous à ce peuple, et flattant son courroux,
Amusez-le du moins à débattre avec vous :
Faites-lui perdre temps, tandis qu'en assurance
La galère s'éloigne avec son espérance[3] ;
S'il force le palais, et ne l'y trouve plus,   1625
Vous ferez comme lui le surpris, le confus ;
Vous accuserez Rome, et promettrez vengeance
Sur quiconque sera de son intelligence[4].
Vous envoirez[5] après, sitôt qu'il sera jour.

1. Sens étymologique : des desseins.
2. *Dont*, c'est-à-dire *par où*, selon le sens étymologique (*de unde*).
3. Avec Nicomède, l'espérance du peuple.
4. Voy. ci-dessus vers 1167.
5. Voy. ci-dessus vers 1383.

Et vous lui donnerez l'espoir d'un prompt retour,   1630
Où [1] mille empêchements que vous ferez vous-même
Pourront de toutes parts aider au stratagème.
Quelque aveugle transport qu'il témoigne aujourd'hui,
Il n'attentera rien tant qu'il craindra pour lui,
Tant qu'il présumera son effort inutile.   1635
Ici la délivrance en paroît trop facile [2];
Et s'il l'obtient [3], Seigneur, il faut fuir vous et moi :
S'il le voit à sa tête, il en fera son roi ;
Vous le jugez vous-même.

PRUSIAS

                      Ah ! j'avouerai, Madame,
Que le ciel a versé ce conseil dans votre âme.   1640
Seigneur, se peut-il voir rien de mieux concerté [4]?

FLAMINIUS

Il vous assure et vie, et gloire, et liberté ;
Et vous avez d'ailleurs Laodice en otage ;
Mais qui perd temps [5] ici perd tout son avantage.

PRUSIAS

Il n'en faut donc plus perdre : allons-y de ce pas.   1645

ARSINOÉ

Ne prenez avec vous qu'Araspe et trois soldats :
Peut-être un plus grand nombre auroit quelque infidèle.
J'irai chez Laodice, et m'assurerai d'elle.
Attale, où courez-vous ?

1. *Où* équivaut à *tandis que*; tour elliptique et vif très regrettable (et *y
vous lui donnerez*, etc., dans des circonstances où mille empêchements, etc.).

2. La délivrance de Nicomède.

3. Si le peuple obtient cette délivrance.

4. Le dessein n'est pas si merveilleux; mais Prusias est ridiculement
charmé de tout ce que dit sa femme.

5. Voy. ci-dessus les vers 73, 278, 759, 826, 1311, 1413, 1430, 1450, où
se trouve le même emploi d'un substantif indéterminé.

ATTALE

Je vais de mon côté
De ce peuple mutin amuser la fierté,
A votre stratagème en ajouter quelque autre.   1650

ARSINOÉ

Songez que ce n'est qu'un que mon sort et le vôtre,
Que vos seuls intérêts me mettent en danger.

ATTALE

Je vais périr, Madame, ou vous en [1] dégager.

ARSINOÉ

Allez donc. J'aperçois la reine d'Arménie.   1655

SCÈNE VI

ARSINOÉ, LAODICE, CLÉONE.

ARSINOÉ

La cause de nos maux doit-elle être impunie?

LAODICE

Non, Madame ; et pour peu qu'elle ait d'ambition,
Je vous réponds déjà de sa punition [2].

ARSINOÉ

Vous qui savez son crime, ordonnez de sa peine.

LAODICE

Un peu d'abaissement suffit pour une reine :   1660
C'est déjà trop de voir son dessein avorté.

1. *En* se rapporte au danger.
2. Laodice applique à Arsinoé les mots qu'Arsinoé applique à Laodice.
Elle veut dire ici : qu'Arsinoé sera sûrement punie, pour peu qu'elle ait
d'ambition.

ARSINOÉ

Dites, pour châtiment de sa témérité,
Qu'il lui faudroit du front tirer le diadème[1].

LAODICE

Parmi les généreux il n'en va pas de même :
Ils savent oublier quand ils ont le dessus,   1665
Et ne veulent que voir leurs ennemis confus.

ARSINOÉ

Ainsi qui peut vous croire aisément se contente !

LAODICE

Le ciel ne m'a pas fait l'âme plus violente

ARSINOÉ

Soulever des sujets contre leur souverain,
Leur mettre à tous le fer et la flamme en la main, 1670
Jusque dans le palais pousser leur insolence,
Vous appelez cela fort peu de violence?

LAODICE

Nous nous entendons mal, Madame; et je le voi[2],
Ce que je dis pour vous, vous l'expliquez pour moi.
  Je suis hors de souci pour ce qui me regarde;   1675
Et je viens vous chercher pour vous prendre en ma garde,
Pour ne hasarder pas en vous la majesté[3]
Au manque de respect d'un grand peuple irrité.
Faites venir le Roi, rappelez votre Attale,
Que je conserve en eux la dignité royale :   1680
Ce peuple en sa fureur peut les connoître mal.

ARSINOÉ

Peut-on voir un orgueil à votre orgueil égal?

---

1. VAR.   Qu'elle mérite perdre et sceptre et diadème.
                           (1651-1656.)
2. Voy. ci-dessus note du vers 33.
3. La majesté royale.

Vous, par qui seule ici tout ce désordre arrive:
Vous, qui dans ce palais vous voyez ma captive,
Vous, qui me répondrez au prix de votre sang   1685
De tout ce qu'un tel crime attente sur mon rang,
Vous me parlez encore avec la même audace
Que si j'avois besoin de vous demander grâce!

LAODICE

Vous obstiner, Madame, à me parler ainsi,
C'est ne vouloir pas voir que je commande ici[1],   1690
Que quand il me plaira, vous serez ma victime.
Et ne m'imputez point ce grand désordre à crime :
Votre peuple est coupable, et dans tous vos sujets
Ces cris séditieux sont autant de forfaits;
Mais pour moi, qui suis reine, et qui dans nos querelles,
Pour triompher de vous, vous ai fait ces rebelles[2],
Par le droit de la guerre il fut toujours permis
D'allumer la révolte entre ses ennemis :
M'enlever mon époux, c'est vous faire la mienne[3].

ARSINOÉ

Je la suis donc, Madame; et quoi qu'il en advienne, 1700
Si ce peuple une fois enfonce le palais,
C'est fait de votre vie, et je vous le promets.

LAODICE

Vous tiendrez mal parole, ou bientôt sur ma tombe
Tout le sang de vos rois servira d'hécatombe[4].

---

1. Comme l'action se passe dans le palais, il semble qu'Arsinoé est
encore maîtresse de la vie de Laodice; ou du moins que Laodice ne l'est
pas encore de celle d'Arsinoé. Mais Laodice est audacieuse et fière jusqu'à
la témérité, sûre que la révolte excitée par elle sera bientôt victorieuse,
elle ne craint pas de défier l'ennemi dont la défaite est certaine, dût-il
se venger sur elle-même; car le vers 1704 montre bien que Laodice sait
qu'elle court un danger personnel.

2. C'est-à-dire : les ai suscités et soulevés contre vous.

3. Mon ennemie.

4. VAR.   Vous verrez une illustre et royale hécatombe.

(1651-1656.)

Mais avez-vous encor parmi votre maison [1]   1705
Quelque autre Métrobate, ou quelque autre Zénon?
N'appréhendez-vous point que tous vos domestiques
Ne soient déjà gagnés par mes sourdes pratiques?
En savez-vous quelqu'un si prêt à se trahir [2],
Si las de voir le jour, que de vous obéir?   1710
   Je ne veux point régner sur votre Bithynie :
Ouvrez-moi seulement les chemins d'Arménie;
Et pour voir tout d'un coup vos malheurs terminés,
Rendez-moi cet époux qu'en vain vous retenez.

ARSINOÉ

Sur le chemin de Rome il vous faut l'aller prendre;1715
Flaminius l'y mène, et pourra vous le rendre :
Mais hâtez-vous, de grâce, et faites bien ramer,
Car déjà sa galère a pris le large en mer.

LAODICE

Ah! si je le croyois!...

ARSINOÉ

N'en doutez point, Madame.

LAODICE

Fuyez donc les fureurs qui saisissent mon âme :   1720
Après le coup fatal de cette indignité,
Je n'ai plus ni respect ni générosité.
   Mais plutôt demeurez pour me servir d'otage,
Jusqu'à ce que ma main de ses fers le dégage.
J'irai jusque dans Rome en briser les liens,   1725
Avec tous vos sujets, avecque [3] tous les miens;
Aussi bien Annibal nommoit une folie

---

1. On n'emploie plus *parmi* que devant un pluriel ou un nom collectif; mais le XVIIe siècle l'employait encore partout où le sens étymologique du mot (au milieu de, *per medium*) en souffre l'emploi.

2. A se perdre lui-même.

3. Voy ci-dessus vers 1596.

De présumer la vaincre ailleurs qu'en Italie[1].
Je veux qu'elle me voie au cœur de ses États
Soutenir ma fureur d'un million de bras;   1730
Et sous mon désespoir rangeant sa tyrannie....

ARSINOÉ

Vous voulez donc enfin régner en Bithynie?
Et dans cette fureur qui vous trouble aujourd'hui,
Le Roi pourra souffrir que vous régniez pour lui?

LAODICE

J'y régnerai, Madame, et sans lui faire injure.   1735
Puisque le Roi veut bien n'être roi qu'en peinture[2],
Que lui doit importer qui donne ici la loi,
Et qui règne pour lui des Romains ou de moi?
Mais un second otage entre mes mains se jette.

SCÈNE VII

ARSINOÉ, LAODICE, ATTALE, CLÉONE

ARSINOÉ

Attale, avez-vous su comme ils ont fait retraite?   1740

ATTALE

Ah! Madame.

ARSINOÉ

  Parlez.

---

1. Racine semble s'être souvenu de ces deux beaux vers dans *Mithridate* :

> Annibal l'a prédit; croyons-en ce grand homme,
> Jamais on ne vaincra les Romains que dans Rome.
>
> (Vers 835.)

2. L'expression est énergique; elle plaisait à Corneille, qui l'a répétée dans son *Agésilas* ·

> Général en idée et monarque en peinture.
>
> (Vers 988.)

ATTALE

Tous les Dieux irrités
Dans les derniers malheurs nous ont précipités.
Le Prince est échappé.

LAODICE

Ne craignez plus, Madame :
La générosité déjà rentre en mon âme.

ARSINOÉ

Attale, prenez-vous plaisir à m'alarmer ?   1745

ATTALE

Ne vous flattez point tant que de le présumer.
Le malheureux Araspe, avec sa foible escorte,
L'avoit déjà conduit à cette fausse porte ;
L'ambassadeur de Rome étoit déjà passé,
Quand dans le sein d'Araspe un poignard enfoncé   1750
Le jette aux pieds du Prince. Il s'écrie, et sa suite,
De peur d'un pareil sort, prend aussitôt la fuite.

ARSINOÉ

Et qui dans cette porte a pu le poignarder ?

ATTALE

Dix ou douze soldats qui sembloient la garder.
Et ce prince....

ARSINOÉ

Ah ! mon fils, qu'il est partout de traîtres [1] !
Qu'il est peu de sujets fidèles à leurs maîtres !
Mais de qui savez-vous un désastre si grand ?

ATTALE

Des compagnons d'Araspe, et d'Araspe mourant.
Mais écoutez encor ce qui me désespère.
J'ai couru me ranger auprès du Roi mon père :   1760

---

1. Nous dirions plutôt : qu'il est partout des traîtres. *De traîtres*
s'explique par une inversion : Que de traîtres il est partout.

Il n'en étoit plus temps : ce monarque étonné [1]
A ses frayeurs déjà s'étoit abandonné,
Avoit pris un esquif pour tâcher de rejoindre
Ce Romain, dont l'effroi peut-être n'est pas moindre.

SCÈNE VIII

PRUSIAS, FLAMINIUS, ARSINOÉ, LAODICE, ATTALE, CLÉONE

PRUSIAS

Non, non; nous revenons l'un et l'autre en ces lieux [2]
Défendre votre gloire, ou mourir à vos yeux.

ARSINOÉ

Mourons, mourons, Seigneur, et dérobons nos vies
A l'absolu pouvoir des fureurs ennemies;
N'attendons pas leur ordre, et montrons-nous jaloux
De l'honneur qu'ils auroient à disposer de nous.   1770

LAODICE

Ce désespoir, Madame, offense un si grand homme
Plus que vous n'avez fait en l'envoyant à Rome :
Vous devez le connoître; et puisqu'il a ma foi,

---

1. *Étonné*, c'est-à-dire comme foudroyé par la peur. Le rôle d'Attale
reste ambigu jusqu'à la fin. Il sauve son frère, c'est bien, mais en accu-
mulant les mensonges et en poignardant un capitaine qui n'était coupable que d'obéissance.

2 Ce retour inexpliqué de Prusias et de Flaminius est un peu ridicule,
et Corneille semble en avoir convenu lui-même en ne le justifiant dans
l'*Examen* que par une assez faible raison. Il eût mieux valu laisser croire
que Prusias est emmené comme une sorte d'otage à Rome, au lieu du
fils qu'il y voulait envoyer; et que Nicomède règne au lieu de son père
sans être en rien coupable envers le roi fugitif. Ce dénouement s'offrait
de lui-même. Sur les motifs qui l'ont fait écarter, voyez ci-dessus Notice
sur *Nicomède*, p. 38.

Vous devez présumer qu'il est digne de moi.
Je le désavouerois, s'il n'étoit magnanime,   1775
S'il manquoit à remplir l'effort de mon estime[1],
S'il ne faisoit paroître un cœur toujours égal.
Mais le voici : voyez si je le connois mal.

SCÈNE IX

PRUSIAS, NICOMÈDE, ARSINOÉ, LAODICE, FLAMINIUS, ATTALE, CLÉONE

NICOMÈDE

Tout est calme, Seigneur : un moment de ma vue
A soudain apaisé la populace émue.   1780

PRUSIAS

Quoi? me viens-tu braver jusque dans mon palais,
Rebelle?

NICOMÈDE

C'est un nom que je n'aurai jamais.
Je ne viens point ici montrer à votre haine
Un captif insolent d'avoir brisé sa chaîne :
Je viens en bon sujet vous rendre le repos   1785
Que d'autres intérêts troubloient mal à propos.
Non que je veuille à Rome imputer quelque crime :
Du grand art de régner elle suit la maxime;
Et son ambassadeur ne fait que son devoir,
Quand il veut entre nous partager le pouvoir.   1790
Mais ne permettez pas qu'elle vous y contraigne :
Rendez-moi votre amour, afin qu'elle vous craigne;
Pardonnez à ce peuple un peu trop de chaleur
Qu'à sa compassion a donné mon malheur;

---

1. Tour un peu embarrassé. C'est-à-dire : s'il ne remplissait pas toute l'attente que mon estime, en s'efforçant, fonde sur lui.

Pardonnez un forfait qu'il a cru nécessaire,   1795
Et qui ne produira qu'un effet salutaire.
  Faites-lui grâce aussi, Madame, et permettez
Que jusques au tombeau j'adore vos bontés[1].
Je sais par quels motifs vous m'êtes si contraire :
Votre amour maternel veut voir réguer mon frère; 1800
Et je contribuerai moi-même à ce dessein,
Si vous pouvez souffrir qu'il soit roi de ma main.
Oui, l'Asie à mon bras offre encor des conquêtes;
Et pour l'en couronner mes mains sont toutes prêtes :
Commandez seulement, choisissez en quels lieux,   1805
Et j'en[2] apporterai la couronne à vos yeux.

ARSINOÉ

Seigneur, faut-il si loin pousser votre victoire,
Et qu'ayant en vos mains et mes jours et ma gloire,
La haute ambition d'un si puissant vainqueur
Veuille encor triompher jusque dedans[3] mon cœur? 1810
Contre tant de vertu je ne puis le défendre;
Il est impatient lui-même de se rendre.
Joignez cette conquête à trois sceptres conquis,
Et je croirai gagner en vous un second fils[4].

PRUSIAS

Je me rends donc aussi, Madame; et je veux croire   1815
Qu'avoir un fils si grand est ma plus grande gloire[5].
Mais parmi les douceurs qu'enfin nous recevons,
Faites-nous savoir, Prince, à qui nous vous devons[6].

---

1. Il est permis de croire, sans calomnier Nicomède, qu'il entre un peu d'ironie dans sa magnanimité.

2. *En*, c'est-à-dire : de ces lieux où il vous plaira qu'il règne.

3. Voy. ci-dessus note sur le vers 283.

4. Arsinoé ment encore, nous n'en doutons guère; mais peu importe; le spectateur satisfait la voit réduite à l'impuissance de nuire.

5. Vers excellent qui achève le portrait du personnage, et fait définitivement de son rôle un excellent rôle de comédie.

6. VAR.   Prince, saurons-nous point à qui nous vous devons?
(1651-1656.)

NICOMÈDE

L'auteur d'un si grand coup m'a caché son visage;
Mais il m'a demandé mon diamant pour gage,   1820
Et me le doit ici rapporter dès demain.

ATTALE

Le voulez-vous, Seigneur, reprendre de ma main?

NICOMÈDE

Ah ! laissez-moi toujours à cette digne marque
Reconnoître en mon sang un vrai sang de monarque.
Ce n'est plus des Romains l'esclave ambitieux,   1825
C'est le libérateur d'un sang si précieux [1].
Mon frère, avec mes fers vous en brisez bien d'autres :
Ceux du Roi, de la Reine, et les siens [2] et les vôtres.
Mais pourquoi vous cacher en sauvant tout l'État?

ATTALE

Pour voir votre vertu dans son plus haut éclat;   1830
Pour la voir seule agir contre notre injustice,
Sans la préoccuper [3] par ce foible service;
Et me venger enfin ou sur vous ou sur moi,
Si j'eusse mal jugé de tout ce que je voi [4].
Mais, Madame....

ARSINOÉ

                Il suffit : voilà le stratagème   1835
Que vous m'aviez promis pour moi contre moi-même [5],
(A Nicomède)
Et j'ai l'esprit, Seigneur, d'autant plus satisfait,
Que mon sang rompt le cours du mal que j'avois fait.

---

1. De tout le sang royal, comme l'indique le vers suivant.
2. Ceux de Laodice qu'il montre.
3. Sans l'engager d'avance.
4. Voy. ci-dessus note du vers 33.
5. Voy. le vers 1650.

NICOMÈDE, à Flaminius.

Seigneur, à découvert, toute âme généreuse
D'avoir votre amitié doit se tenir heureuse ;   1840
Mais nous n'en voulons plus avec ces dures lois
Qu'elle jette toujours sur la tête des rois :
Nous vous la demandons hors de la servitude,
Ou le nom d'ennemi nous semblera moins rude.

FLAMINIUS, à Nicomède.

C'est de quoi le sénat pourra délibérer ;   1845
Mais cependant pour lui j'ose vous assurer,
Prince, qu'à ce défaut vous aurez son estime,
Telle que doit l'attendre un cœur si magnanime ;
Et qu'il croira se faire un illustre ennemi,
S'il ne vous reçoit pas pour généreux ami[1].   1850

PRUSIAS

Nous autres, réunis sous de meilleurs auspices,
Préparons à demain de justes sacrifices ;
Et demandons aux Dieux, nos dignes souverains,
Pour comble de bonheur l'amitié des Romains[2].

---

1. Ce petit discours est bien tourné ; il relève un peu la dignité de Flaminius, qui dans cette scène est, de l'aveu de Corneille lui-même, « en assez méchante posture ».

2. Sur ce dernier vers si profondément comique, voy. ci-dessus Notice sur *Nicomède*, p. 43.

FIN DU CINQUIÈME ET DERNIER ACTE

TABLE DES MATIÈRES

COULOMMIERS. — Typog. P. BRODARD et GALLOIS.

s'étonner que jusqu'ici, à part quelques mémorables exceptions, les écrits de nos grands écrivains n'aient pas été jugés dignes de ce même respect attentif et scrupuleux, et qu'on ne les ait pas entourés de tout ce qui peut en faciliter, en féconder l'étude. Réparer cette omission, tel est le but que nous nous sommes proposé.

Pour la pureté, l'intégrité parfaite, l'authenticité du texte, aucun soin ne nous paraît superflu, aucun scrupule trop minutieux. Les écrivains du dix-septième siècle, et c'est par les plus éminents d'entre eux que nous avons commencé notre publication, sont déjà pour nous des anciens. Leur langue est assez voisine de la nôtre pour que nous l'entendions presque toujours et l'admirions sans effort. Mais déjà elle diffère trop de celle qui se parle et qui s'écrit aujourd'hui ; le peuple, et plus encore peut-être la société polie, l'ont trop désapprise pour qu'on puisse encore dire que nous la sachions par l'usage. Pour la reproduire sans altération, il ne suffit point que l'éditeur s'en rapporte à sa pratique quotidienne, à son instinct du lan-gage : il faut, au contraire, qu'il se défie d'autant plus de lui-même que les nombreuses analogies, mêlées aux différences de la langue d'à présent et de celle d'alors, l'exposent au danger de ne point veiller assez au maintien de ces dernières. C'est peut-être là la cause principale des altérations qu'a subies le texte de nos grands écrivains. C'est contre elle surtout que nous nous tenons en garde. En ce qui touche l'œuvre même des auteurs, le fond comme la forme de leurs écrits, notre devise est : *Respect absolu et sévère fidélité.*

Quant à la seconde partie de la tâche, aux notes, aux secours, aux moyens d'étude qui accompagnent le texte des auteurs, deux mots peuvent résumer nos intentions et la nature du travail : *Utilité pratique et sobriété.* D'une part rien n'est omis de ce qui peut aider à mieux comprendre et connaître l'auteur, rien de ce qui peut en faciliter l'étude et permettre d'en tirer parti, soit pour les recherches historiques et littéraires, soit pour dresser ce que nous pouvons appeler la statistique de notre langue, et pour en montrer les variations, en dégager la grammaire, la constitution véritable, de tout ce que les grammairiens y ont cru voir et de tout ce qu'ils y ont introduit d'arbitraire et d'artificiel. D'autre part, est rigoureusement exclu tout étalage inutile de savoir, tout ce qui ne sert qu'à faire valoir le commentateur, tout ce qui ne tend pas directement à l'une des fins que nous venons d'énumérer.

Les *Lettres de Mme de Sévigné*, les *Œuvres de Corneille*, de *Racine*, de *Malherbe*, de *La Bruyère*, de *La Rochefoucauld*, ont déjà paru en entier ; — *le cardinal de Retz, Molière, Saint-Simon, La Fontaine*, sont en cours de publication ; — Les noms des personnes dont nous nous sommes assuré le concours, et qui ont bien voulu se charger des diverses parties de cette grande tâche, sont une garantie de savoir, de bon goût et de consciencieuse exactitude.

Pour que la collection ait de l'unité, que toutes les parties de ce vaste ensemble soient conçues et exécutées sur un même plan, que l'esprit de l'entreprise soit partout et constamment le même, nous avons demandé à M. Adolphe Regnier, membre de l'Institut et obtenu de lui, qu'il se chargeât de la diriger.

Nous ne nous arrêterons pas longuement ici aux détails du plan qui a été adopté, et nous ne ferons qu'indiquer en peu de mots les divers secours et avantages qu'offrent ces éditions nouvelles des grands écrivains de la France.

Leur principal mérite, nous le répétons, est la fidélité du texte, qui reproduit les meilleures éditions données par l'auteur, les manuscrits autographes, d'anciennes copies, enfin est pris toujours aux sources les plus authentiques et les plus dignes de confiance.

Au texte adopté ou ainsi constitué on joint les variantes, toutes sans exception pour les écrivains principaux ; pour les autres un choix sera fait avec goût.

Au bas des pages sont placées des notes explicatives qui éclaircissent tout ce qui peut arrêter un lecteur d'un esprit cultivé.

Après la pureté et l'intelligence du texte, c'est l'histoire de la langue qui sera le grand intérêt de la collection. Nous marcherons dans la voie que nous a ouverte l'Académie française en proposant successivement pour sujets de prix les Lexiques de Molière, de Corneille et de Sévigné. A chaque auteur est joint un relevé, par ordre alphabétique, des mots, des tours et des locutions qui lui sont propres, soit à lui-même, soit à son époque, et en outre de tout ce qui peut servir à éclairer le vrai sens ou l'origine de nos idiotismes les plus remarquables. La réunion de ces Lexiques formera un tableau fidèle des variations de la langue littéraire et du bon usage, et chacun d'eux en particulier montrera, par la comparaison avec la langue que nous parlons et écrivons aujourd'hui, l'empreinte qu'ont laissée sur notre idiome les divers génies qui l'ont illustré.

Des Tables analytiques exactes et complètes facilitent les recherches. Des notices biographiques aident à mieux apprécier les écrits de chaque auteur, en les plaçant dans leur vrai jour et à leur vrai moment. En outre, des notices partielles font l'histoire de chaque ouvrage, et, s'il y a lieu, pour les pièces de théâtre, par exemple, le suivent jusqu'à nos jours.

Des notices bibliographiques et critiques indiquent, pour chaque auteur, les manuscrits existant dans les bibliothèques publiques ou privées, les copies dignes de mention et les éditions diverses, surtout celles qui ont été publiées ou par l'auteur, ou de son vivant, ou peu de temps après sa mort.

Enfin nous joignons au texte des portraits, des fac-similés, et, quand il y a lieu, des gravures diverses.

ÉTAT DE LA PUBLICATION

DES

GRANDS ÉCRIVAINS DE LA FRANCE

AU 1er JANVIER 1886

I. OUVRAGES COMPLETS

Corneille (P.) : *Œuvres*, nouvelle édition, par M. C. Marty-Laveaux. 12 volumes et un album.   97 fr. 50

Le prix de l'album est de 7 fr. 50 sur papier ordinaire.

TOME I : Avertissement. — Notice biographique. — Avertissements placés par Corneille en tête des divers recueils de ses pièces. — Discours de l'utilité et des parties du poème dramatique. — Discours de la tragédie et des moyens de la traiter selon le vraisemblable ou le nécessaire. — Discours des trois unités, d'action, de jour et de lieu. — Mélite. — Clitandre. — La Veuve.

TOME II : La Galerie du Palais. — La Suivante. — La Place Royale. — La Comédie des Tuileries. — Médée. — L'Illusion.

TOME III : Le Cid. — Horace. — Cinna. — Polyeucte.

TOME IV : Pompée. — Le Menteur. — La Suite du Menteur. — Rodogune.

TOME V : Théodore. — Héraclius — Andromède. — Don Sanche d'Aragon. — Nicomède.

TOME VI : Pertharite. — Œdipe. — La Toison d'or. — Sertorius. — Sophonisbe. — Othon.

TOME VII : Agésilas. — Attila. — Tite et Bérénice. — Psyché. — Pulchérie. — Suréna.

TOME VIII : Imitation de Jésus-Christ.

TOME IX : Louanges de la sainte Vierge. — L'Office de la sainte Vierge. — Les sept Psaumes pénitentiaux. — Vêpres des dimanches et complies. — Instructions et prières chrétiennes. — Les Hymnes du Bréviaire romain. — Version des hymnes de saint Victor. — Hymnes de sainte Geneviève.

TOME X : Poésies diverses. — Œuvres diverses en prose. — Lettres. — Tables.

TOMES XI et XII : Lexique, *couronné par l'Académie française.*

Il ne reste plus d'exemplaires grand vélin.

La Bruyère : *Œuvres*, nouvelle édition, par M. G. Servois. 3 v. et 1 album.   33 fr. 75

Le prix de l'album est de 7 fr. 50 sur papier ordinaire.

Tome I : Avertissement. — Notice biographique. — Les Caractères de Théophraste traduits du grec, avec les Caractères ou les mœurs de ce siècle. — Appendice. — Clefs et commentaires.

Tome II : Suite et fin des Caractères.

Tome III. 1re partie : Avertissement. — Table alphabétique et analytique. — Tableaux de concordance. — Notice bibliographique. — Additions et corrections. — Appendice aux lettres.

Tome III. 2e partie : Préface sur la langue de La Bruyère. — Introduction grammaticale. — Orthographe. — Lexique.

Chaque volume se vend séparément : les tomes I et II et la 2e partie du tome III, 7 fr. 50 ; la 1re partie du tome III, 3 fr. 75.

Il ne reste plus d'exemplaires grand vélin.

La Rochefoucauld : *Œuvres*, nouvelle édition, par MM. D. L. Gilbert et J. Gourdault. 3 vol. et un album.

Tome I : Avertissement. — Notice bibliographique. — Portrait du duc de La Rochefoucauld fait par lui-même. — Portrait du cardinal de Retz par La Rochefoucauld. — Réflexions ou sentences et maximes morales. — Réflexions diverses. — Appendices. — Jugement des contemporains sur les maximes de La Rochefoucauld. — Tables.

Tome II : Mémoires (1624-1652). — Apologie de Mᵣ le prince de Marcillac. — Appendice. — Table alphabétique des Mémoires et de l'Apologie.

Tome III. 1re partie : Lettres écrites par La Rochefoucauld. Lettres écrites à La Rochefoucauld. — Lettres de divers à divers.

Il ne reste plus d'exemplaires grand vélin.

Malherbe : *Œuvres*, nouvelle édition, par M. Ludovic Lalanne. 5 volumes et un album.   45 fr.

Le prix de l'album est de 7 fr. 50 sur papier ordinaire.

Tome I : Avertissement. — Notice biographique. — Appendice. — Vie de Malherbe par Racan. — Notice bibliographique. — Pièces attribuées à Malherbe. — Des portraits de Malherbe. — Poésies. — Pièces dont la date est incertaine. — Fragments sans date. — Appendice. — Traductions.

Tome II : Traduction du Traité des bienfaits de Sénèque. — Traduction des Épîtres de Sénèque.

Tome III : Préface. — Notice par M. Bazin. — Lettres. — Appendice.

Tome IV : Lettres. — Fragments. Commentaire sur Desportes. — Tables alphabétiques.

Tome V : Lexique.

Il reste 15 exempl. grand vélin.

Racine (Jean) : *Œuvres*, nouvelle édition, par M. P. Mesnard. 8 vol. plus un volume de musique et un album.   72 fr. 50

Le prix du volume de musique est de 5 fr. et le prix de l'album de 7 fr. 50 sur papier ordinaire.

Tome I : Avertissement. — Notice biographique. — Mémoires contenant quelques particularités sur la vie et les ouvrages de Jean Racine. — La Thébaïde ou les Frères ennemis. — Alexandre le Grand.

Tome II : Andromaque. — Les Plaideurs. — Britannicus. — Bérénice. — Bazajet.

Tome III : Mithridate. — Iphigénie. — Phèdre. — Esther. — Athalie.

Tomes IV et V : Poésies diverses. — Œuvres diverses en prose, d'histoire, etc.

Tome VI : Lettres.

Tome VII : Lettres. — Tables.

Tome VIII : Lexique par Marty-Laveaux.

Musique des chœurs d'Athalie, d'Esther et des cantiques spirituels. 1 vol.

Il ne reste plus d'exemplaires grand vélin.

Sévigné (M**me** de): *Lettres de M**me** de Sévigné*, de sa famille et de ses amis, nouvelle édition, par M. Mommerqué. 14 vol. et un album. 120 fr.

Le prix de l'album est de 15 fr. sur papier ordinaire.

Tome I : Avertissement. — Notice biographique. — Lettres.

Tomes II à X : Lettres.

Tome XI : Avertissement. — Lettres inédites de M**me** de Sévigné. — Lettres inédites de divers. — Notice sur M**me** de Simiane. — Lettres de M**me** de Simiane. — Table générale des sources manuscrites et imprimées. — Avertissements et préfaces des éditions originales et de l'édition de 1818. — Notice bibliographique.

Tome XII : Table alphabétique et table analytique des matières — Appendice du tome XII : Additions et corrections. — Lettres inédites de la marquise de Sévigné et du comte de Grignan.

Tomes XIII et XIV : Lexique de la langue de M**me** de Sévigné, avec une introduction grammaticale et des appendices, par E. Sommer.

Ouvrage couronné par l'Académie française.

Il ne reste plus d'exemplaires grand vélin.

II. OUVRAGES EN COURS DE PUBLICATION

La Fontaine: *Œuvres*, nouvelle édition, par M. Henri Regnier. Environ 8 vol. et un album.

Les trois premiers volumes sont en vente.

Tome I : Avertissement. — Notice biographique. — A Monseigneur le Dauphin. — Préface. — La vie d'Esope le Phrygien. — A Monseigneur le Dauphin. — Fables (Livres I à V).

Tome II : Avertissement, — Fables (Livres VI à IX). — Appendice,

Tome III: Fables (Livres X à XII).

Il ne reste plus d'exemplaires grand vélin.

Molière : *Œuvres*, nouvelle édition, par MM. Eug. Despois et P. Mesnard. Environ 10 vol. et un album.

Huit volumes sont en vente.

Tome I : Avertissement. — Préface de l'édition de Molière de 1682. — Notice biographique. — Premières farces attribuées à Molière. — L'Etourdi ou les Contre-temps. — Le Dépit amoureux.

Tome II : Les Précieuses ridicules. — Sganarelle ou le Cocu imaginaire. — Dom Garcie de Navarre ou le Prince jaloux. — L'Ecole des maris.

Tome III : Les Fâcheux. — L'Ecole des Femmes. — La Critique de l'Ecole des femmes. — L'Impromptu de Versailles.

Tome IV : Le Mariage forcé. — Les Plaisirs de l'ile enchantée. — La princesse d'Elide. — Le Tartuffe ou l'Imposteur. —

Tome V : Dom Juan ou le Festin de Pierre. — L'Amour médecin. — Le Misanthrope.

Tome VI : Le Médecin malgré lui. — Mélicerte. — Pastorales comiques. — Le Sicilien ou l'Amour peintre. — Ballet des Muses. — Amphitryon. — Georges Dandin ou le Mari confondu.

Tome VII : L'Avare. — Monsieur de Pourceaugnac. — Les Amants magnifiques.

Il ne reste plus d'exemplaires grand vélin.

Tome VIII : Le Bourgeois gentilhomme. — Ballet des Nations. — Appendice au Bourgeois gentilhomme. — Psyché. — Appendice à Psyché. — Les Fourberies de Scapin. — La comtesse d'Escarbagnas.

Retz (le cardinal de) : *Œuvres*, nouvelle édition, par MM. A. Feillet, J. Gourdault et R. Chantelauze. Environ 8 vol. et un album.

Six volumes sont en vente.

Tome I : Avertissement. — Notice biographique. — Notice sur les Mémoires. — Mémoires, 1re partie (1613-1643) ; — 2e partie (1643-1648). — Appendice. — Additions et corrections.

Tomes II à IV : Mémoires, suite et fin de la 2e partie.

Tome V : Mémoires, 3e partie.—

Pamphlets. — Appendice. — La conjuration du comte de Fiesque. — Notice.

Tome VII : Lettres et mémoires sur les affaires de Rome. — Pièces justificatives.

La réunion des pièces qui doivent composer le tome VI demandant beaucoup de temps, les éditeurs se sont décidés à publier le tome VII avant le tome VI.

Il ne reste plus d'exemplaires grand vélin.

Saint-Simon : *Mémoires*, nouvelle édition, collationnée sur le manuscrit autographe et augmentée des additions de Saint-Simon au *Journal de Dangeau*, et de suites et appendices, par M. de Boislisle. Environ 30 vol. et un album.

Les quatre premiers volumes sont en vente.

Tome I : Avertissement. — Mémoires (1691-1693). — Appendice. — Additions et corrections. — Tables.

Tome II : Mémoires (1694-1695). Appendice. — Additions et corrections. — Tables.

Tome III : Mémoires (1696.) — Appendice. — Additions et corrections. — Tables.

Tome IV : Mémoires (1697). — Appendice. — Additions et corrections — Table.

Il a été tiré 200 exemplaires sur papier grand vélin, à 20 fr. le volume, et il est fait en outre une édition dans le format in-4°, sur papier de luxe et ornée d'environ 500 gravures, savoir :

100 exemplaires sur papier Whatman, à 80 fr. le vol.

40 exemplaires sur papier de Chine, à 100 fr.

10 exemplaires sur papier du Japon, à 150 fr.

Coulommiers. — Typ. P. BRODARD et GALLOIS.

CLASSIQUES
FRANÇAIS
Format petit in-16 cartonnés
(Les noms des annotateurs sont indiqués entre parenthèses)
BOILEAU. — Œuvres poétiques (Geruzez). 1 50
L'Art poétique, séparément.
BOSSUET. — De la connaissance de Dieu (de Lens). 1 60
Sermons choisis (Rébelliau).
Morceaux choisis (E. Dupré).

www.ingramcontent.com/pod-product-compliance
Ingram Content Group UK Ltd.
Pitfield, Milton Keynes, MK11 3LW, UK
UKHW022222120726
13694UKWH00002B/659